KB120215

공부의
미래

구본권 지음
공부의
10년 후 통하는 새로운 공부법
미래

한겨레출판

서문

'공부의 미래'는 어떻게 바뀌고 있는가

"그러면 이제부터는 뭘 배워야 하나요?"

2016년 3월 알파고 충격이 한국 사회를 뒤흔들었습니다. 인공지능과 미래에 대한 관심이 갑자기 높아졌습니다. 덕분에 알파고가 나타나기 몇 달 전인 2015년 말에 제가 쓴 책《로봇 시대, 인간의 일》도 많은 독자의 선택을 받았습니다. 졸저가 독서토론 교재와 추천도서가 되고 발췌문과 글이 2018년 개정된 고등학교 국어교과서 3종에 실리는 바람에 '독자와의 만남'을 많이 가졌습니다. 몇 년 동안 전국의 도서관과 고교, 대학, 교육청 연수원 등에서 다양한 독자와 청중을 만났습니다.

'독자와의 만남'을 진행할 때마다 같은 질문이 나옵니다. "작가님은 어떻게 알파고가 나올 줄 알고 인공지능 로봇 책을 미리 썼어요? 비결 좀 알려주세요" 하고 '영업비밀'을 캐내려는 장난스럽고 호기심 어린 질문도 종종 있습니다. 하지만 책을 읽고 강의를 들은 사람들 대부분의 질문은 불안한 미래에 대한 걱정으로 모아졌습니다.

"자동화에 밀려나지 않으려면 어떤 직업을 가져야 하나요?"

"미래에 살아남으려면 아이에게 어떤 전공을 선택하라고 해야 할까요?"

불안과 걱정은 더 깊은 질문으로 이어졌습니다.

"모든 정보가 인터넷에 있는 세상인데 지금 방식대로 공부해도 될까요?"

"기계와 달리 아무리 읽고 외워도 금세 잊어버리는데 공부가 무슨 소용이 있나요?"

"미래 인공지능 시대에도 유효한 공부방법은 무엇일까요?"

첨단기술과 불안한 미래는 공부의 본질을 묻고 있었습니다. 입시를 앞둔 학생과 학부모만이 아니었습니다. 졸업한 지 오래된 성인들까지 공부와 학습법에 높은 관심을 보였는데, 그 배경에는 미래에 대한 불안이 자리하고 있었습니다.

입시공화국 한국 사회에서는 누구나 학창시절 비인간적 경쟁과 학업 스트레스를 피하기 어려웠습니다. 그런데 알파고 충격은 입시와 취업에 대비한 이러한 학습이 미래에도 유용할 것이라는 믿음을 허물어버렸습니다. 저는 학생, 학부모, 교사, 교수, 교육관료 등 다양한 집단을 만나고 대화하면서 현행 교육의 과제와 현실적 불안을 알게 됐습니다. 저 스스로 공부의 본질에 관한 질문을 마주하게 됐습니다. 저 자신 또한 대학원 공부를 하느라 오랜 기간 학교를 다녔고 기자와 연구소장으로서 읽고 쓰는 게 일이었지만 교육과 공부방법을 탐구해 오지는 않았습니다. 그런데 알파고 이후 제게 쏟아진 독자들의 질문은 곧 저의 화두가 되었습니다.

"어떠한 지식과 기술이 필요할지 알 수 없는 미래를 대비하기 위해선 무엇을 어떻게 공부해야 하는가."

지난 몇 년간 공부의 본질과 목적을 찾아 나서게 한 근본적인 물음이었습니다.

사실 공부는 항상 미래를 위한 준비였습니다. 미래에 대한 계획과 이미지를 어떻게 그리느냐에 따라서 현재 교육의 구체적인 형태가 만들어집니다. 우리 사회에서 공부란 현재가 아닌 미래에 쓸모 있을 능력, 그래서 자신의 행복과 직업을 지탱해줄 힘을 모색하고 장만하는 과정이었습니다. 그런데 알파고로 대표되는 인공지능과 자동화 기술은 미래 예측을 불가능하게 만들었습니다. 이세돌 9단이 기계 앞에서 맥없이 무너지는 모습은 단지 한 프로 바둑기사의 패배가 아니었습니다. 기존 교육과 학습방식으로는 미래의 직업과 삶을 유지할 수 없음을 확인한 집단적 각성의 계기였습니다. 지금까지 믿고 의존해온 방법이 미래에 통용되지 않으리라는 사실을 우리 사회가 충격적으로 확인했습니다. 도대체 미래엔 어떤 방식의 지식과 기술이 생존에 유리할지 알 수 없다는 두려움과 불안이 질문으로 쏟아진 것이었습니다.

미래는 어느 때보다 불확실해졌지만, 불안이 인공지능 시대에 비로소 생겨난 문제는 아닙니다. 세계적 미래학자 앨빈 토플러Alvin Toffler는 1974년 저서 《내일을 위한 공부*Learning for Tomorrow*》에서 미래를 대비한 교육의 본질을 이야기한 바 있습니다.[1] 토플러는 남아메리카 내륙의 호수 유역에 사는 원시부족의 예화를 서술합니다. 대대로 호수에서 살아온 이 부족은 젊은이들에게 카누 만드는 법과 고기 잡는 법 등 소중하게 전승된 지식과 기술을 가르쳐왔습니다. 그런데 어느 날 호수로 유입되는 강의 상류에 거대한 수력발전 댐이 건설되면서 생활 터전인 호수가 말라버립니다. 부족이 전수해온 생계 기술은 무용지물이 되고 전통과 문화는 모두 사라질 운명에 처합니다. 토플러가 묻습니다.

> "호수가 말라버리는 상황에서 살아남기 위해서 우리는 후손들에게 무엇을 가르쳐야 하는가?"

인공지능 시대는 21세기 현대인이 원시부족과 똑같은 질문에 직면하게 만들었습니다.

미래는 항상 알 수 없는 영역이었습니다. 사회는 끊임없이 변화했지만, 근대 교육체계가 자리 잡은 이후 학교와 학습법은 예전 모습 그대로입니다. 읽기reading, 쓰기writing, 셈하기arithmetic, 즉 3R 능력 위주로 의무교육과정이 만들어졌고, 고등교육은 해당 분야의 전문지식과 기술을 연마하는 경로로 정착했습니다. 산업과 기술, 문화 변화와 달리 교육은 변화가 더딘 편이며 거의 달라지지 않습니다. 300년 전 교사를 오늘날 교실에 데려온다고 상상해보면, "내가 교사이던 18세기와 별로 다르지 않은 교실 풍경일세"라고 말할 법합니다. 그런데 지금까지 교육의 목표이자 대상이던 지식과 기술이 이제 모두 손안의 기계에 들어 있는 세상입니다. 인공지능은 많은 영역에서 인간 최고수를 압도하는 능력을 보여주고 있습니다. 전통적 교육과 학습의 대전제가 흔들리고 있는 이유입니다.

《사피엔스*Sapiens: A Brief History of Humankind*》《호모 데우스*Homo Deus: A Brief History of Tomorrow*》의 저자 유발 하라리Yuval Harari는 미래의 교육

에 대해서 “가장 가르칠 필요가 없는 것은 더 많은 정보”라고 말합니다. 정보화 사회에서 정보는 넘쳐나기 때문이지요. 궁금한 것이 있는데 정보를 얻을 수 없어 답답해하는 상황은 거의 사라졌습니다. 원하면 누구나 세상 모든 지식과 노하우를 공짜로 얻을 수 있습니다. 스마트폰과 인터넷으로 인해 우리는 좌뇌, 우뇌에 이어 외뇌를 지니게 되었다고 말합니다. 많은 돈, 귀한 시간과 노력을 들여 장만해야 했던 지식과 노하우를 이제는 똑똑한 도구와 서비스에 손쉽게 아웃소싱outsourcing할 수 있는 세상입니다. 전에 없이 편리해졌습니다. 하지만 자동화에 밀려나지 않을 미래의 일자리와 지식을 추구하는 학생과 구직자의 입장에서 보면 더없이 난감한 상황인 것입니다.

공부를 항해에 비유하자면, 지난 시절에는 목적지가 정해져 있고 등대와 별자리, 나침반을 의지하고 이용할 수 있는 상황에서의 항해였습니다. 목표를 향해 부지런히 힘차게 노를 젓고 바람을 이용해야 한다는 불변의 정답과 철칙이 있었습니다. 그런데 이제는 짙은 안개가 드리운 망망대해에서 길잡이도 없는 항해입니다. 항해하는 사람 스스로 목표를 정하고 직접 길을 찾아야 하는 항해가 됐습니다. 미래가 전에 없이 불투명해졌기에 미래를 준비할 수 있는 방법과 공부에 대한 관심은 어느 때보다 커졌습니다. 미지의 미래를 위해 필요한 공부는 무엇일까요?

미래의 공부는 마치 난리를 만나 피난을 떠나야 하는 상황에서의 봇짐 꾸리기와 같습니다. 어떤 짐을 지고 미지의 길을 나서야 할까요? 쌀가마니, 집문서, 현금 다발, 금붙이를 한껏 이고 지고 피난길을 떠나면 안심할 수 있을까요? 절대 아닙니다. 도리어 누구나 선망하는 이런 물건은 주인을 가장 먼저 위험에 빠뜨릴 것입니다. 가장 안전하고 유용한 생존방법은 어떤 상황에서도 도난과 약탈이 불가능하며 잃어버리지 않을, 자신에게서 떼어놓을 수 없는 그 무엇을 지니는 것입니다. 거의 모든 능력을 똑똑한 도구에 의존할 수 있는 상황에서도 절대로 아웃소싱할 수 없어서 사람이 지닐 수밖에 없는 능력과 품성은 무엇일까요? 첨단도구와 외뇌에 담을 수 없어, 결국 누구나 생물학적 두뇌와 몸에 지녀야만 하는 것은 무엇일까요? 어떻게 그러한 능력과 태도를 찾고 장만할 수 있을까요?

책은 세 부분으로 구성돼 있습니다. 1부 〈공부의 의미가 바뀐다〉에서는 기술과 사회환경 변화에 따라 전통적 학습환경과 목표, 직업의 세계가 어떻게 바뀌는지를 살펴봅니다. 학습도구의 미래, 대학의 미래, 직업의 미래 측면에서 어떤 변화가 일어나고 있는지를 들여다보며 미래에 유용한 도구와 전략이 무엇일지 생각해봅니다.

2부 〈미래의 능력〉에서는 미지의 미래에 핵심이 될 인간 능력을 다룹니다. 창의성, 비판적 사고력, 자기통제력, 협업 능력 등입니다. 외부에 의존할 수 없는, 분실과 도난이 불가능한 이 능력들이 미래에 왜 더 중요해지는지, 그리고 어떻게 학습할 수 있는지를 살펴봅니다.

3부 〈스스로 미래를 결정하는 법〉에서는 동기부여와 메타인지에 대한 내용을 다룹니다. 공부는 단순한 기능을 탑재하는 것으로는 이내 한계에 도달합니다. 공부의 본질과 궁극적 지향점이 무엇인지에 대해 스스로 답을 지닐 때 더 멀리까지 오랜 시간 공부를 지속할 수 있게 됩니다.

인류 역사는 답 없는 문제에 직면해 스스로 해결방법을 찾아온 생존의 기록이자 공부의 기록입니다. 사람은 변화무쌍한 미래에 필요한 생존 정보를 DNA에 지닌 채 태어나지 않습니다. 인간이 생존에 필요한 능력과 태도는 경험과 학습을 통해서 비로소 얻게 됩니다. 인간은 백지 상태(타불라 라사tabula rasa)로 태어나지만, 난생처음 직면한 문제 상황에서도 스스로 답을 찾아낼 수 있는 존재입니다. 인류는 낯선 위기 상황에서 모르는 문제를 해결해왔기 때문에 생존을 이어올 수 있었습니다. 똑똑한 기계에 맞서 생존할 수 있는 방법이 떠오르지 않는 인공지능 시대에도 인류는 선조들이 그랬듯 생존과 번영을 찾아갈 수 있을 것입니다. 이 길을 찾아가는 여정이 바로 공부의 미래입니다.

구본권

차 례

2부 미래의 능력

3부 스스로 미래를 결정하는 법

1부

공부의 의미가 바뀐다

학습도구의 미래

01

자동 기계번역 시대, 외국어를 배워야 할까?

"미래 글로벌 사회에서는 영어가 더 중요해질 테니 영어 공부를 열심히 해야 한다고 말했죠. 그랬더니 아들이 '컴퓨터가 알아서 번역해주는 세상에서 뭐 하러 고생스럽게 영어를 배워요?'라고 되묻더군요. 순간 말문이 막혔습니다." (중학생 학부모)

"시험 때문에 학생들이 지금 당장은 영어 공부를 하죠. 앞으로는 컴퓨터가 깔끔하게 번역해줄 텐데, 어떻게 영어 공부를 하라고 동기를 부여해야

할지 난감해요." (고등학교 영어교사)

'미래 교육의 변화'를 주제로 한 강의에서 나온 반응들입니다. 제 지인은 중학생 자녀가 스마트폰 번역 애플리케이션(앱)으로 영어 작문 숙제를 하는 것을 보고 깜짝 놀라 아이를 야단쳤답니다. "앞으론 앱을 이용해 영작 숙제를 하지 않겠다"는 다짐을 받아냈다고 합니다.

기계번역의 정확도가 높아지면서 외국어의 장벽이 낮아졌습니다. 동시에 교육현장에는 새로운 질문이 던져졌습니다. '자동 기계번역 시대에도 외국어를 배워야 하나?' '배울 필요가 있다면 어째서일까?' '인공지능 시대 외국어 학습법이 달라져야 하나, 아니면 배움엔 왕도가 없다는 말처럼 전통적 방법이 최선일까?'

먼저 빠르게 발전하는 자동 기계번역의 세계를 알아야 합니다. 기계번역은 네이버의 번역 앱인 '파파고'나 구글 번역이 대표적인데, 번역 앱에 문장을 입력하거나 말을 하면 원하는 언어로 번역해주는 서비스입니다. 구글의 한국어-영어 번역은 다른 언어 짝에 비해 데이터가 부족해 정확도가 낮았는데 이 역시 최근 사용자가 많아지면서 크게 개선되었습니다.

구글은 2018년 40개 언어를 실시간으로 통역해주는 이어폰 '픽셀 버드Pixel Buds'를 출시했습니다. 예컨대 각각 영어와 프랑스어를 쓰는 두 사람이 이어폰을 귀에 꽂고만 있으면 상대방의 말이 1~2초 뒤에 자동으로 번역되어 들립니다. 픽셀 버드가 말하는 사람의 음성을 인식

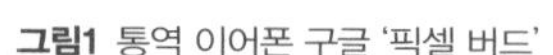
그림1 통역 이어폰 구글 '픽셀 버드'

그림2 통역 이어폰 네이버 '마스'

한 후 구글 자동번역 데이터베이스로 번역해 들려주는 방식이지요.

네이버도 2018년 구글 '픽셀 버드'와 비슷한 통역 이어폰 '마스Mars'를 출시했습니다. 마스는 2018년 1월 미국 라스베이거스에서 열린 소비자가전전시회CES에서 최고혁신상을 받으며 우수성을 인정받았습니다. 한글과컴퓨터는 '지니톡'을, 카카오는 '카카오 I 번역'을 경쟁적으로 내놓으며, 국내에서도 기계번역 서비스는 갈수록 발전하고 있습니다.

그뿐이 아닙니다. 스마트폰 앱을 켜고 모르는 외국어의 메뉴판이나 안내문에 카메라를 비추기만 하면 즉시 영어로 번역해주는 서비스가 여럿입니다. 구글 워드렌즈Wordlens, 폴리글로캠Polyglocam, 웨이고Waygo 등입니다. 스페인어, 독일어, 프랑스어, 크로아티아어, 그리스어 등은 물론이고 러시아 키릴문자 같은 낯선 문자도 전혀 문제가 없습니다. 게다가 이렇게 뛰어난 번역 서비스가 공짜입니다. 구글 워드렌즈에는 영어뿐만 아니라 한국어 번역 기능도 있으니, 이제 외국에서 말이 안 통하는 식당이나 상점을 가도 걱정이 없지요.

물론 현재의 기계번역은 품질이 완벽하진 않아 전문번역가를 즉시 대체하기는 어렵습니다. 하지만 기계번역은 데이터가 쌓일수록 완성도가 점점 개선되는 구조입니다. 사람의 영어 실력은 1년, 2년 시간이 지날수록 더 나아진다고 보장할 수 없지만, 파파고 같은 기계번역은 품질이 떨어질 일이 절대 없습니다. 3년 뒤, 5년 뒤엔 지금과 비교할 수 없을 정도로 개선된 기계번역 서비스를 언제 어디서나 편리하게 사용하면서, 언어의 장벽을 거의 느끼지 않을 수 있습니다.

2017년 5월 이화여대 통번역대학원에서 '인공지능과 번역의 미래' 포럼이 열렸습니다. 한국과학기술원KAIST·카이스트 정재승 교수가 최신 기계번역 기술을 소개했는데, 참석한 통번역가 250여 명의 한숨이 포럼이 진행된 4시간 내내 끊이지 않았습니다. "자동번역 기술이 과연 어디까지 발전할 것인가. 이젠 우리 직업의 미래가 캄캄하다"는 탄식이었지요. 2017년 3월 언론은 '이세돌-알파고' 대국 1년을 맞아 한국 사회에 일어난 변화를 점검했는데요, 지난 20년간 줄곧 국내 1위를 지켰던 통번역대학원 준비학원이 문을 닫았고, 통번역대학원 지원자가 크게 줄었다는 기사도 실렸습니다.[1]

기계번역이 완벽하지 않아도, '쓸 만한 수준이네'라는 생각이 드는 순간 통번역가의 직업환경은 변합니다. 정재승 교수는 "인공지능 번역이 93%의 정확도만 보인다고 해도 번역에 드는 비용이 거의 없고 속도가 무척 빠르기 때문에, 사람들은 번역의 질이 특별히 중요한 경우를 제외하곤 대부분 인공지능에 번역을 맡길 것"이라고 말합니다.[2)] 자동번역 기술은 '외국어 무섬증'을 앓는 대부분의 사람들에게는 편리하고 반가운 소식이지만, 통번역가들에겐 재앙입니다. 그렇다면 앞으로는 힘들여 영어 공부를 하지 않아도 되는 것일까요?

■ **기계번역의 발달**

기계번역은 냉전 시기인 1950년대 미국에서 러시아의 과학기술 문서를 빨리 해독하려는 의도 아래 조지타운대학과 IBM의 공동 연구로 본격 시작됐습니다. 초기의 기계번역은 사람처럼 기계에 문법과 어휘를 가르치고 문장을 단어와 구 단위로 쪼개서 하나하나 번역하도록 하는 방식이었습니다. 하지만 기대와 달리 정확도가 낮아 실제로 활용되지 못했습니다. 미국 정부가 10년 넘게 예산을 투입했음에도 사람의 번역보다 정확하지 않고 시간과 돈도 훨씬 많이 든다는 결과만 얻은 채 연구는 실패로 끝났습니다.

오랜 기간 진전이 없었던 기계번역에 1988년 IBM이 기존의 구문론·의미론 기반의 학습방법 대신 통계 방식의 접근법을 채택함으로써 전환점이 만들어졌습니다. 여기엔 유엔과 유럽연합 회의에서 만들어진 방대한 번역문서 자료가 활용됐습니다. 주요 국제기구에서는 문서를 여러 언어로 번역하는데 이는 기계번역이 활용할 수 있는 유용한 자료입니다. 통계 방식의 기계번역은 데이터 증가와 컴퓨팅 능력의 발달과 함께 점점 정확도를 높여왔으며, 최근 머신러닝 인공지능을 적용한 결과 전문번역가에 버금가는 수준으로 향상되었습니다. 구글 번역은 2016년 11월 인간 두뇌가 작동하는 방식을 모방한 딥러닝 기반의 신경망 방식과 다국어 학습의 결과를 대상 언어에 적용했는데, 번역 품질이 월등히 개선됐습니다.

그래도 외국어를 배워야 하는 이유

결론부터 말하자면, 인공지능 자동번역 시대라고 해서 외국어 학습 자체가 필요 없어지는 것은 아닙니다. 외국어를 학습하는 방법과 평가하는 방법, 그리고 외국어 학습의 목적이 달라질 뿐입니다. 평소에 쓸 일이 거의 없는 어려운 단어를 외우고 이를 평가하는 시험은 곧 사라지게 됩니다. 스마트폰으로 온갖 사전을 즉시 이용할 수 있고, 언제 어디서나 편리한 기계번역을 쓸 수 있으니까요. 그렇다고 외국어를 배울 필요가 없다고 생각하면 오판입니다. 왜 그럴까요?

첫째, 글로벌 시대에 외국어 능력을 두뇌에 내장하고 있느냐, 컴퓨터와 번역 앱의 도움에 전적으로 의존하느냐는 중대한 실력 차이로 연결되기 때문입니다. 글로벌화로 외국어의 활용 범위와 쓸모는 갈수록 늘어나게 됩니다. 물론 자동번역 앱을 손쉽게 이용할 수 있지만, 외국인을 만날 때마다 늘 도구를 꺼내 의존하면서 그 말의 핵심 정보만을 전달받는 경우와, 눈빛을 주고받으며 미묘한 어감의 차이를 생생하게 느끼는 대화는 완전히 다릅니다.

물론 외국어 학습방법은 바뀝니다. 미래엔 스마트폰이 더 소형화하고 편리한 착용형(웨어러블) 기기로 바뀌거나 아예 몸속에 전자칩 형태로 이식될 수 있습니다. 모르는 외국어 문장을 만나면 단어 뜻만 찾는 게 아니라 번역 앱을 통해 즉시 모국어로 바뀐 문장을 얻을 수 있습니다. 그런데 평생 활용할 가능성이 낮은 어려운 단어나 구문을 익힐 필요는 없지만, 해당 언어의 구조와 일상적 활용을 배우는 것은 변하지 않을 학습방법입니다. 어려운 외국어 단어나 낯선 구문은 스마트폰의 도움을 받으면 되지만, 도구를 믿고 외국어를 통째로 기계에 맡기는 것은 위험합니다.

도구가 편리하다고 해서 전적으로 의존할 수 없다는 사실을 우리는 이미 여러 사례로 알고 있습니다. 스마트폰으로 전자계산기와 엑셀 프로그램을 활용하는 세상에서 계산 능력은 필요 없을까요? 그렇지 않습니다. 복잡한 수식 계산과 통계 처리는 계산기와 컴퓨터를 사용해야 하지만 셈할 줄 모르면 정상적 일상생활이 불가능합니다.

그렇다면 주산과 암산을 배우고 19단을 외우면 수학을 더 잘하게 될까요? 만약에 그런 결과가 입증된다면 지금도 주산학원이 성업 중일 텐데, 현실은 반대입니다. 수능에서 수학은 큰 비중을 차지하지만 빠른 연산 능력이 해결을 좌우하는 문제는 출제되지 않습니다. 대학에서 수학을 전공하는 사람에게도 연산 능력은 별로 중요하지 않습니다. 수학은 기본적으로 추리하는 법, 논리적으로 생각하는 법을 배우는 학문입니다. 수학적 사고와 문제풀이를 하려면 기본적 연산 능력과 문해력이 요구되지만 이는 목적을 위한 도구일 따름입니다.

지난 시절에 글씨를 똑바로 아름답게 쓰는 기술은 손쉽게 직업을 보장받는 중요한 능력이었습니다. 컴퓨터와 인터넷으로 문자생활을 하는 세상에서 손글씨의 의미는 달라졌습니다. 워드프로세서가 등장해서 누구나 깔끔하게 문서를 작성할 수 있게 되었지만, 그렇다고 손글씨가 아예 사라지지는 않았습니다. 오히려 캘리그래피와 같은 새로운 영역이 출현합니다. 외국어 실력도 마찬가지입니다. 아예 영어·중국어 학습을 포기하고 기계번역에 전적으로 의존하는 사람과 기본적 어학 실력을 갖추고 필요할 때 적절하게 도구를 활용하는 사람 사이의 차이는 더욱 커집니다.

또한 미래는 지식정보사회이기 때문에 누가 더 고급 정보와 지식에 빠르게 접근하고 능숙하게 활용할 수 있느냐가 중요합니다. 인터넷 정보 대부분은 영어이고 글로벌 지식사회의 공용어도 영어입니다. 과거에는 영어를 배운 사람들 가운데 실제로 영어 실력을 업무와 일상에서 활용할 수 있는 사람은 소수였습니다. 그러나 갈수록 국경과 언어권의 구분이 희미해지는 글로벌 세상이 되어가고, 지식정보화에 따라 일상과 직무에서 영어를 쓸 상황은 늘어나게 됩니다. 무역

업과 같이 국제관계에서 일해야 하는 사람은 아무리 뛰어난 번역 앱과 번역가가 있어도 해당 언어를 익혀야 합니다. 글로벌 기업들이 국가별로 지역전문가를 육성하는 것이 사례입니다.

둘째, 외국어는 다른 문화와 세계로 들어가는 열쇠입니다. 철학자 마르틴 하이데거Martin Heidegger는 "언어는 존재의 집"이라고 말했습니다. 우리가 모국어가 아닌 다른 언어를 안다는 것은, 날 때부터 주어진 환경이 아닌 또 하나의 다른 세계를 이해할 수 있다는 뜻입니다. 다른 방식의 사고구조와 문화를 알게 되고, 더 다양한 생각과 세상을 만날 수 있다는 뜻입니다. 외국어를 배운다는 것은 인식과 경험을 확대하는 소중한 경험입니다.

베스트셀러 《라틴어 수업》은 로마법을 전공한 한동일 교수가 대학에서 한 라틴어 강의를 바탕으로 쓴 책입니다. 라틴어는 본고장인 유럽에서도 이미 오래전부터 사용하지 않는 언어로, 중세의 문헌이나 종교를 연구하는 소수 전문가를 위한 학술어입니다. 처음 몇십 명의 학생으로 시작했던 한 교수의 강의는 신촌 대학가에 차츰 알려지기 시작해 청강생까지 몰려드는 최고의 인기 강의가 되었습니다. 한 교수는 강의에서 라틴어의 문법과 단어를 이야기하지만, 그 안에는 고대 로마의 철학과 역사, 문화와 지혜가 담겨 있기에 많은 학생들의 호응을 얻는 것입니다. 한 교수는 결국 서구문명의 지적 전통을 돌아보는 라틴어 강의를 통해 자신과 인생에 대한 성찰을 이끌어내고 있습니다. 이제 라틴어는 실생활에서 무용하지만, 라틴어를 배움으로써 우리는 새로운 세계를 접하고 자신의 세계를 확장해갑니다.

외국인들이 한국이나 일본 건물의 엘리베이터에 4층이 없거나 F로 표시된 이유를 이해하지 못하는 경우가 많습니다. 중국에서는 숫자 '8'에 대한 선호가 커서, 8이 연속으로 들어간 전화번호나 차량 번호판이 거액에 거래됩니다. 이들 나라의 언어에서 4와 8의 발음이 각각 '죽음死' '부富'를 연상시키기 때문입니다. 언어를 알게 되면 해당 언어를 쓰는 문화권을 이해하게 돼 인간 행동의 배경을 더 잘 파악할 수 있습니다.

영국의 철학자 프랜시스 베이컨Francis Bacon은 〈공부에 대하여Of Studies〉라는 글 첫머리에서 "우리는 즐거움을 위해, 꾸밈을 위해, 그리고 능력을 키우기 위해 배운다Studies serve for delight, for ornament, and for ability"고 말합니다. 우리가 외국어를 배우는 이유는 다양합니다. 단지 실용적 목적으로만 외국어를 배우는 것은 아닙니다. 외국어를 통해 우리는 다른 문화를 이해하고 우리의 세계를 넓힐 수 있습니다.

셋째, 기계번역 시대에도 번역의 결과물을 판단하는 외국어 실력은 여전히 중요합니다. 아무리 도구가 발달하더라도 영어와 한국어의 미묘한 어감 차이나 말하는 사람의 의도, 말하는 상황의 분위기까지 기계가 번역해줄 수는 없습니다. 예를 들어 구글 번역에 '피리 부는 사나이'를 입력하면 'Piribu is a man'이라고 번역됩니다. 중의적 의미를 가진 단어들이 다양한 맥락에서 사용될 때 기계번역은 여러 개의 번역을 제시하는데, 최종적으로 어떤 번역을 선택할지는 우리의 몫

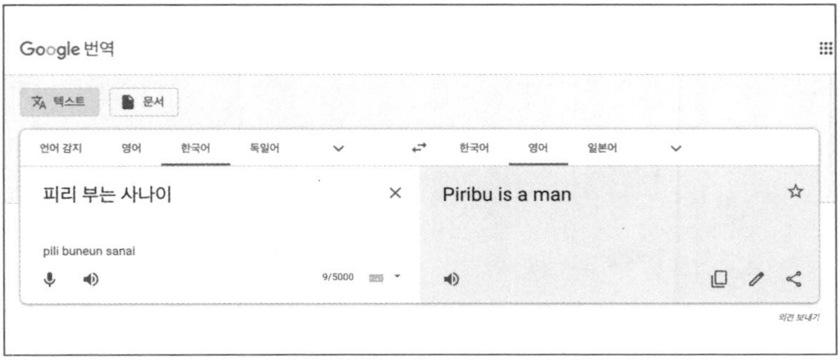

그림3 '피리 부는 사나이' 구글 번역

입니다. 'Piribu is a man'이 원하는 결과가 아니라는 것을 아는 사람과 그렇지 않은 사람 간의 차이는 미래에도 결코 사라지지 않습니다.

많은 사람들이 기계번역에 의존하는 관행이 일상화되면, 기계가 번역한 결과물을 단순히 받아들이게 됩니다. 그러나 외국어와 한국어에 이해가 깊은 사람은 기계번역을 무조건 신뢰하기보다 그 결과를 판별해 자신이 어떻게 사용할지를 결정할 수 있습니다. 편리한 자동번역 도구 사용이 보편화하면 번역 결과의 미묘한 차이를 식별해낼 수 있는 외국어 실력이 희소해지고, 따라서 소중해지게 됩니다. 기계번역의 결과를 매번 의심하고 검증할 필요는 없지만, 도구를 잘 활용하려면 도구를 사용한 결과를 비판적으로 검토할 수 있는 능력을 갖추어야 합니다.

문장력과 비슷합니다. 의무교육을 마친 사람 누구나 기본적인 읽기, 쓰기 능력을 갖고 있습니다. 그러나 누구나 글을 쓸 수 있다고 해서 문장력이 불필요해지거나 사람들 사이에서 문장력 차이가 사라지는 것은 아닙니다. 모든 사람이 글을 읽고 쓸 줄 아는 세상이지만, 똑같은 문장에서 글쓴 사람이 미묘하게 표현한 의도와 기법을 읽어내는 능력, 나아가 아름답고 정확한 문장을 구사할 줄 아는 능력의 가치는 결코 덜해지지 않습니다.

하지만 모든 사람이 외국어를 전문적으로 다루는 능력을 가질 필요는 없습니다. 무엇보다 중요한 것은 외국어를 배워야 하는 자신만의 이유와 목적을 스스로 찾아내는 것입니다. 전문 통번역가를 제외하면, 외국어 학습 자체가 목적인 경우는 매우 드뭅니다. 외국어는 목적을 이루기 위한 도구에 불과합니다. 내가 추구하는 목적에 외국어가 얼마나 필요한지, 또 그것을 어떻게 활용할지를 생각하는 게 먼저입니다.

예컨대 일상생활이나 여행에서 필요한 수준 정도라면 얼마든지 기계번역에 의존할 수 있습니다. 한때 국제화 시대 한국의 경쟁력을 높이기 위해서 영어를 공용어로 도입하자는 주장을 펼치고 조기 영어교육을 강조하는 사람들이 많았습니다. 하지만 스마트폰 앱으로 손쉽게 생활영어를 활용할 수 있는 상황에서 영어 공용어 주장은 슬그머니 사라졌습니다. 편리한 도구는 전 국민에게 영어 실력을 갖추라고 외칠 수 없게 만들었습니다.

그러나 생존에 필요한 생활영어를 넘어, 사람의 마음을 설득하고 움직이는 것이 목적이라면 기계번역은 충분하지 않습니다. 번역 앱으로 기본적 의사소통은 가능하지만, 신뢰와 공감이 필요한 관계 형성은 무리입니다. 이는 좋은 문장을 쓸 수 있느냐 없느냐의 차이와 비슷합니다. 아름답고 알기 쉬운 문장으로 자신의 뜻을 정확히 전달해 사람의 마음을 움직이고자 한다면, 앞으로도 외국어 능력은 여전히 소중한 도구일 겁니다. 도구가 똑똑해지고 흔해지면 도구를 사용할지 여부는 더 이상 문제가 되지 않습니다. 다만 내가 그 도구를 어떻게 활용해 무엇을 할 것인가를 더 깊이 생각해야 합니다.

코딩 교육에 대한 찬반

"최근 TV에서 영국 초등학생들이 코딩coding 교육을 받는 걸 봤습니다. 또 컴퓨터로 스패너 같은 연장을 설계하고 3D프린터로 출력해서 그걸로 다시 뭔가를 만들더라고요. 아이들이 굉장히 즐겁게 만드는 모습이 우리 학교 현실과 달라 충격이었습니다. 낡은 방식을 고수하는 한국 교육에 회의가 들었어요. 그동안 아이에게 스마트폰도 사주지 않고 그림책을 읽어 주었는데, 이제 스마트폰을 사주고 코딩 교육도 시키려고 합니다."

미래 교육 강의에서 만난 학부모의 이야기입니다. 코딩 교육에 대한 학부모들의 관심과 함께 불안이 높아지고 있습니다. 2018학년도부터 코딩 교육이 의무화되었습니다. 2018년엔 중학교 1학년과 고등학교 1학년이, 2019년부터는 초등학교 5, 6학년이 소프트웨어 교육, 즉 코딩 교육을 받습니다. 중학교에서는 연간 34시간, 초등학교에서는 연간 17시간 이상 교육을 받습니다.

4차산업혁명에 대비하려면 디지털과 인공지능의 언어와 구조를 파악하고 다룰 줄 알아야 한다는 것이 코딩 교육을 의무화한 배경입니다. 4차산업혁명 열풍과 코딩 교육 의무화, 사교육 시장의 적극적인 마케팅은 불안을 부채질합니다. 알파고 충격 이후 대도시 학원밀집지역에서는 코딩 학원이 빠르게 늘고 있습니다. 수학학원들도 코딩 융합교육을 개설하고 "초등학교 때부터 코딩 교육을 받아야 나중에 고생하지 않는다"며 불안감을 자극합니다. 대학에서도 컴퓨터와 소프트웨어 전공은 오랫동안 인기가 없었는데, 알파고 이후 공학계열 최고 인기학과로 바뀌었습니다.

반대로 코딩을 배울 필요가 없다는 쪽 주장도 팽팽합니다. 코딩 기술 역시 부침을 겪는 하나의 도구일 뿐이라는 견해이지요. 데이터를 분석하고 소프트웨어를 설계하는 일은 점점 기계가 대신하고 있습니다. 앞으로 소프트웨어를 개발할 때 사람이 할 일이 얼마나 남아 있을지 모를 일입니다.

알파고를 개발한 구글의 자회사 딥마인드와 미국 매사추세츠공대 MIT는 스스로 프로그래밍을 해서 소프트웨어를 만드는 인공지능을 개발하고 있습니다. 2016년 이세돌 9단을 꺾어 충격을 안긴 알파고는 1년 뒤 '알파고 제로'로 업그레이드되어 다시 한 번 충격을 줬습니다. 알파고 제로는 이전 버전과 달리 사람의 도움도 전혀 없이 스스로 바둑을 학습해 60전 60승을 거두며 바둑의 최고 경지에 이르렀습니다. 한 소프트웨어 개발자가 들려준 이야기는 이 분야 현실을 솔직하게 알려줍니다.

> "10년 넘게 프로그래머로 일해오고 있지만, 최근 제 직업의 미래에 대해 불안하기 그지없습니다. 10~15년 뒤까지는 프로그래머로 계속 일할 수 있으리라 생각했는데, 알파고 이후에 걱정스러워졌어요. 살아남으려고 최신 프로그래밍 언어를 열심히 배우고 있지만, 계속 새 언어가 등장합니다. 이 분야 기술이 너무 빨리 변하니 따라잡는 게 불가능할 것 같아요."

이 컴퓨터 프로그래머의 고민처럼 프로그래밍 언어는 계속해서 업그레이드되고 있습니다. 1950~1960년대엔 포트란, 코볼, 베이직이 주요 프로그래밍 언어였지만, 2000년대 이후엔 자바, C, HTML 등의 사용이 늘어나고, 최근엔 파이선, R 같은 새로운 프로그래밍 언어가 대세가 되었습니다. 게다가 최근에는 코딩을 알지 못해도 일반인이 스마트폰 애플리케이션을 개발할 수 있는 환경이 만들어지고 있습니다. 사실 컴퓨터에게 일련의 작업을 수행하도록 기계어를 논리적으로 구성하는 기능은 인공지능이 아주 손쉽게 처리할 수 있는 작업입니다.

경제협력개발기구OECD의 교육정책을 오랫동안 이끌어온 안드레

아스 슐라이허Andreas Schleicher OECD 교육국장은 2019년 초 열린 세계교육혁신회의 강연에서 "코딩 교육은 시간 낭비"라며 "지금 세 살 먹은 아이에게 코딩을 가르치고 있는데 그애들이 대학을 졸업할 때쯤이면 코딩이 무엇인지 기억도 못하게 될 것이며 코딩 기술은 아주 빠른 시간 안에 쓸모없어질 것"이라고 말했습니다.[3)]

코딩 교육에 대한 상반된 두 주장이 모두 진실입니다. 그러면 어떡해야 할까요? 코딩, 배워야 할까요, 말아야 할까요?

■ 코딩 교육이란

컴퓨터는 다양한 프로그램을 통해 작동합니다. '코딩'이란 이 컴퓨터 소프트웨어 프로그램을 작성하는 것을 의미합니다. 즉 컴퓨터가 프로그램을 수행할 수 있도록 컴퓨터의 언어로 명령어를 작성하는 것입니다. 예를 들어, "만약 입력값이 1,000보다 크면 A로, 1,000일 때는 B로, 1,000보다 작으면 C로 보내라"와 같이 일련의 조건문(if, then)을 사용해 컴퓨터가 주어진 명령을 수행할 수 있도록 명령어를 작성하는 방식입니다. 코딩 교육이란 이런 간단한 명령을 수행할 수 있는 프로그램을 학생들이 직접 만들어보도록 하는 것입니다. 학생들이 자신들이 원하는 대로 컴퓨터 프로그램을 만들어본다는 점에서, 디지털 도구를 이용한 모래성 만들기나 블록 쌓기 놀이와 비슷하다고 볼 수 있습니다.

코딩을 배우는 진짜 이유

먼저 코딩 교육을 통해 학생들은 무엇을 배울 수 있는지, 코딩을 배우는 목적부터 살펴봅시다.

첫째, 개정 교육과정에 코딩을 포함시킨 목적은 컴퓨터 언어와 프로그래밍의 '기술'을 배우기 위해서가 아닙니다. 앞서 컴퓨터 프로그래머의 고민처럼 프로그래밍 언어는 계속 업그레이드되고 있고, 인공지능은 사람보다 효율적으로 프로그램을 만들어낼 것이 확실하기 때문이지요. 학생들에게 코딩을 가르치는 진짜 목적은 코딩을 통해 논리적 사고력과 문제해결력을 키워주는 것입니다.

코딩 교육은 교과서와 이론 위주의 교육 현실에서 학생들 스스로 무엇인가를 만들어보고, 명령을 내려 작동시켜보고, 결과를 바로 확인하면서 업그레이드시켜볼 수 있는 좋은 학습방법입니다. 즉 코딩 교육은 편리한 디지털 도구를 내가 원하는 방식으로 마음껏 활용해 보는 체험학습이라는 점에서 중요합니다. 아이들이 레고블록으로 무언가를 만들거나 모래장난을 하면서 몰입하고 즐거움을 느끼는 경험과 유사합니다. 코딩 교육은 학생들이 자발적 학습자가 되어 실제로 무엇인가를 만들어보는 과정을 통해 스스로 학습의 동기를 갖도록 유도합니다.

둘째, 코딩 교육을 직업적 관점에서, 예컨대 전문 프로그래머가 되기 위한 하나의 교육과정으로 바라보기보다, 디지털과 인공지능 시대에 컴퓨터의 언어를 이해하기 위한 기본 소양을 쌓는 과정으로 보는 것이 중요합니다. 코딩을 배운 제 동료는 코딩을 외국어에 비유합니다. 코딩을 배우게 된 이후 그동안 몰랐던 웹페이지나 프로그램의 작동방식이 보이기 시작했다며 "아는 만큼 보게 된다"고 말합니다.

글을 읽고 쓸 줄 아는 힘, 즉 언어를 다룰 줄 아는 능력을 문해력이라고 합니다. 초등 1학년 때 한글을 뗀 이후에도 국어 교육은 계속되는데 모든 학생을 작가로 만들기 위해서가 아닙니다. 무슨 일을 하더라도 말과 글을 잘 다루고 소통하는 능력은 필수입니다. 디지털과 인공지능 시대에는 소프트웨어와 프로그램의 작동방식을 이해하는 새로운 문해력이 필요해진 것입니다.

컴퓨터의 언어를 이해하고 다루는 능력을 배우는 것은 필요합니다. 다만 코딩 교육을 성적을 관리해야 하는 교과목으로 바라보는 관점에서 벗어나야 합니다. 영국과 미국, 일본 등 세계 여러 나라에서도 코딩 교육이 확산되고 있지만, 우리나라처럼 입시 불안이나 사교육과 연계되는 곳은 없습니다. 어떤 학부모들은 코딩 교육을 학습 부담을 늘린 추가 교과목으로 보고, 나중에 자녀를 입시에 전념시키기 위해서 사교육으로 미리 준비에 나서기도 합니다.

개인용 컴퓨터PC가 대중화되던 시기에는 각종 프로그래밍 언어와 소프트웨어 사용법을 가르치는 컴퓨터학원이 곳곳에 생겨났습니다. 초고속 인터넷이 대중화될 때는 웹서핑 강의와 정보검색사 자격증에 대한 수요가 높았습니다. 이제 더 많은 사람들이 더 오랜 시간 컴퓨터와 인터넷을 쓰게 됐지만 풍경은 완전히 달라졌습니다. 코딩 사교육도 비슷할 운명이 될 가능성이 높습니다.

영어가 글로벌 시대의 공용어가 된 것처럼 코딩은 디지털 세상의 보편어lingua franca로 활용도가 높아 보입니다. 하지만 코딩 '사교육'은 필요하지 않습니다. 코딩을 배우는 목적이 무엇인지 점검해보고, 무엇보다 학생 스스로 주체가 되어 즐겁게 배우는 경험을 만들어주는 데 집중해야 합니다.

디지털 교과서의 장단점을 알고 학습하자

디지털 세상에서는 자동번역, 코딩 교육만이 화두가 아닙니다. 다양한 학습도구와 방법이 새롭게 출현하면서 공부의 풍경을 바꿔가고 있습니다. 자녀들은 부모 세대가 만나지 못한 새로운 도구와 환경 속에서 공부합니다. 인터넷 동영상 강의(인강), 전자책, 디지털 교과서, 교육 앱 그리고 이 모든 콘텐츠와 서비스를 이용할 수 있는 스마트폰 등이 요즘 학생들에겐 필수적인 학습도구입니다. 이 다양한 디지털 학습도구들은 학습에 얼마나 도움이 될까요?

디지털 교과서는 장점이 많습니다. 클릭만 하면 다양한 자료를 불러낼 수 있고, 컬러풀한 동영상과 음성은 물론 입체적 화면을 통해 실감나게 체험형 학습을 할 수 있습니다. 이를테면 시에라리온의 위

그림4 디지털 교과서

치를 배우는 지리 시간에 종이 교과서를 가지고 '서아프리카 중부 해안에 위치한 국가'라고 글로만 배울 때와, 디지털 교과서에서 입체적인 지구본 화면을 돌려가면서 위치를 확인해볼 때의 학습효과는 다릅니다. 글과 그림으로는 이해하기 힘든 인체의 장기와 골격 구조도 쌍방향 멀티미디어 콘텐츠를 활용한다면 생생하게 확인해볼 수 있습니다. 나아가 인터넷에는 이미 위키백과나 유튜브 등에 전 세계에서 제작된 유용한 학습자료가 넘쳐나는 상황이니, 교실마다 와이파이를 설치해 수업에서 다채로운 콘텐츠를 이용하자는 주장이 나올 정도입니다. 인터넷의 쌍방향적 특성을 활용해 학생별 맞춤 피드백을 주고받을 수 있다는 장점도 있습니다.

이러한 장점을 받아들여 정부는 2018년부터 초등학교 3, 4학년과 중학교 1학년의 사회·과학·영어 과목에 디지털 교과서를 보급하는 정책을 시행했고, 이후 연차적으로 확대한다는 계획입니다. 학교마다 사회와 과학 전용교실과 스마트패드를 보급하며, 교과서에는 동영상만이 아니라 증강현실AR과 가상현실VR도 접목한 입체적 내용을 담습니다.

이에 앞서 교육부는 연구학교들을 지정해 교육현장에서 디지털 교과서를 사용해보았는데 2008~2011년 디지털 교과서 연구학교 299곳의 보고서를 전수조사한 결과 부정적인 반응이 대다수로 나타났습니다.[4] 연구학교 조사는 디지털 교과서의 효과성을 학업성취도, 자기주도적 학습 능력, 문제해결 능력, 교과 태도, 학습 몰입도 등 5개 항목으로 평가했는데, "유의미한 효과가 있었다"는 답은 4년 평균 21.5%에 불과했습니다. 한국교육학술정보원의 디지털 교과서 학습효과 연구결과에서도 "별 효과가 없었다"는 응답이 78%였습니다. 디지털 교과서를 사용한 학생들은 "3시간 이상 사용할 경우 눈과 머리가 아프다"고 응답했습니다. 교사들은 "콘텐츠 오류도 많고 단말기 오류로 수업 결손이 자주 발생한다"면서 수업시간에 디지털 교과서로 인터넷 서핑을 하거나 전자펜을 이용하는 장난이 늘었다고 답변했습니다.

풍부한 멀티미디어 효과를 활용한 증강현실 서적은 도리어 학생이 책의 내용을 이해하는 데 방해 요소로 작용할 수 있습니다. "고도의 증강현실 책은 너무 많은 종과 호루라기 소리를 활용하는 통에 책 읽는 기술을 키우는 데 도움이 되지 않았다"라는 게 관련 연구의 결과입니다.[5)]

스마트 기기는 학습과 관련해서 특정한 조건에서만 효과가 있다는 사실을 알아야 합니다. 스마트 기기를 비롯한 특정한 기술이나 도구, 방법이 모든 학습자에게 비슷한 정도의 학습 개선 또는 방해 효과를 가져오진 않습니다. 도구와 기술은 어떠한 의도를 갖고 어떠한 상황에서 사용하느냐에 따라 도움이 될 수도, 오히려 해가 될 수도 있습니다. "똑똑한 도구가 더 뛰어난 학습효과를 가져온다"는 주장은 거짓이라는 얘기입니다.

도구는 편리하고 강력할수록 더욱 세심하게 통제된 상태에서 제한적으로 주의 깊게 사용해야 합니다. 기술이 강력하고 편리할수록 부작용 또한 크기 때문입니다. 그래서 특정한 상황에서 기술의 유용함과 편리함을 일반적인 상황과 다양한 사용자를 상대로 확대하는 것은 매우 위험한 일입니다.

또한 스마트 교육을 위해 꼭 디지털 교과서와 같은 첨단 도구를 새로 구입할 필요는 없습니다. 교육 당국에서 보급할 디지털 교과서보다 학생들 대부분이 갖고 있는 스마트폰이 훨씬 다양한 기능을 수행할 수 있기 때문입니다. 교육용 기기는 정부 예산으로 구입해 10년 가까이 쓰게 되는데, 스마트폰은 2~3년 주기로 최신 제품이 나옵니다. 아무리 최첨단 디지털 기기를 개발해 교육현장에 보급한다고 해도 스마트폰의 교체 주기를 따라갈 수 없습니다.

그래서 기업들도 최근에는 업무용 스마트폰을 직원들에게 지급하기보다 평소 직원들이 사용하는 기기를 활용해서 업무를 수행할 수 있는 환경을 만드는 정책이 확산되고 있습니다. BYODBring Your Own Device라고 개인이 소유한 스마트 기기를 직장에 가져와 업무에 활용하도록 하는 이런 정책을 가리키는 말이 생겨났을 정도입니다.

개방형 온라인 강의가 실패하는 이유

최근 몇 년간 다양한 개방형 온라인 강의massive open online course, 일명 무크MOOC가 경쟁적으로 확산되었습니다. 스탠퍼드, 카네기멜론, 하버드, 예일 등 세계적인 명문대학과 각 분야 최고의 교수들이 칸아카데미Kahn Academy, 코세라Coursera, 이덱스edEX, 유대시티Udacity 등 무크를 직접 설립하거나 강의를 개설해왔습니다. 2011년 인공지능 분야 최고의 전문가인 서배스천 스런Sebastian Thrun 스탠퍼드대 교수가 온라인에 개설한 인공지능 강좌에는 전 세계 16만 명의 학생이 몰려들어, 역사상 최대의 강의실이 만들어지는 기록이 생겨났을 정도입니다. 이제는 유학을 가지 않아도 어디에서나 다양한 분야의 첨단 지식을 세계 최고 전문가들로부터 수업료 없이 직접 배울 수 있는 환경이 되었습니다. 무크는 대학에 진학할 수 없거나 수준 높은 전문지식에 접근하기 어려운 환경의 사람들에게 배움의 길을 열었습니다. 대학교육과 입시 시스템 등 미래 교육의 지형도를 근본적으로 바꾸는 틀이 될 것이라는 기대를 받았습니다.

하지만 무크가 학습과 교육 지형에 끼친 영향은 기대에 비해 초라합니다. 미국의 교육평론가 제프리 셀링고Jeffrey Selingo는 2014년《무크U: 온라인 교육의 중도포기 이유*MOOC U: Who Is Getting the Most Out of Online Education and Why*》라는 책을 펴내 무크의 실제 성과를 상세하게 점검했습니다. 무크는 학습동기가 강하고 학습 능력이 뛰어난 소수의 자발적 학습자들에게만 효과적이라는 결과가 드러났습니다. 95%에 이르는 대다수 학생들에게는 효율적이지 않았습니다.

실제로 2013년 미국 새너제이 캘리포니아주립대학은 유대시티와 함께 온라인 강의로 학점을 취득할 수 있게 했지만, 학생들의 참여율과 학습효과가 너무 낮아 한 학기 만에 프로그램을 중단했습니다. 등록금 부담이 없고 시간과 장소에 구애받지 않고 언제 어디서든 스마트 기기로 학습할 수 있다는 편리함과 장점은 동시에 온라인 교육 프로그램의 치명적 단점이라는 사실이 확인되었습니다. 무크는 학생들의 낮은 참여율과 몰입도, 높은 중도포기율, 학습 의무감 저하, 시험점수 저조라는 결과로 이어졌습니다.

동영상 플랫폼인 유튜브 또한 새로운 학습도구로도 인기가 높습니다. 요리나 기계 수리는 물론 접하기 힘든 전문적인 취미에 대해서도 유튜브는 세상의 모든 노하우를 가르쳐줍니다. 교육이 지식과 문제

해결 노하우를 배우는 과정이라면, 이제 세상의 노하우는 대부분 유튜브에서 구할 수 있게 되었지요. 그렇다면 유튜브 접속만 가능하면 모든 교육이 가능해지는 것일까요?

무크가 강한 학습동기와 탄탄한 학습 능력을 갖춘 5% 학생들에게만 적합한 도구였다는 사실에 주목해야 합니다. 기술과 도구보다 중요한 것은 학습동기와 학습 능력이라는 사실이지요. 더 나은 기술과 도구가 학습효율성을 높여주리라는 우리의 기대는 착각이었습니다. 기술과 도구가 지닌 다양한 측면을 제대로 파악하지 못한 채 긍정적인 모습만을 보면서 서둘러 교육과 학습에 적용하는 것은 위험한 결과를 가져올 수 있습니다.

매사추세츠공대 미디어랩의 창립자인 니컬러스 네그로폰테Nicholas Negroponte 교수가 2008년부터 전 세계 저개발국가 어린이들에게 보급한 저렴한 교육용 노트북 'OLPCOne Laptop per Child' 캠페인의 실패도 마찬가지 사례입니다. "'100달러 노트북'을 만들어 저개발국가 어린이들에게 보급하자"는 네그로폰테의 제안에 따라 2008년부터 40개국 어린이들에게 200만 대 넘는 노트북컴퓨터가 전달됐습니다. 하지만 OLPC는 애초 기대한 '교육적 효과'를 거의 거두지 못하고 실패한 실험이 됐습니다. 인터넷과 교육에 대한 접근성을 제공해 교육 불평등을 해소하려 한 시도였지만 교육 시스템, 학습방법, 학습동기 등 근본적 문제를 해결하지 못했기 때문입니다. OLPC는 교육의 문제를 도구와 기술로 접근해 해결할 수 있다고 낙관했다가 실패한 대표적 교육개혁 시도 사례입니다.

그들은 왜 파워포인트를 금지했나

우리가 강연과 수업에서 널리 쓰는 파워포인트의 효과도 양면성을 띱니다. 파워포인트의 악영향을 파악하고 사용을 금지하는 경영자들도 있습니다. 애플의 창업자 스티브 잡스Steve Jobs, 아마존의 최고경영자 제프 베조스Jeffrey Bezos, 페이스북의 최고운영책임자인 셰릴 샌드버그Sheryl Sandberg 등은 직원들에게 파워포인트를 사용한 발표를 금지했습니다. 국내에서도 정태영 현대카드 부회장이 직원들에게 파워포인트를 쓰지 못하게 하는 '제로 PPT' 캠페인을 벌여 화제가 된 바 있습니다.[6] 미 육군 장성 출신의 맥마스터Herbert McMaster 백악관 국가안보 보좌관도 군사 브리핑에서 파워포인트 사용을 금지하며, "파워포인트는 위험하다. 우리가 상황을 이해하고 있다는 환상, 통제하고 있다는 환상을 갖게 하기 때문"이라고 말했습니다.[7]

파워포인트는 현란한 애니메이션과 도식화된 개념 구성을 통해 복잡한 사실을 알기 쉽게 전달하는 도구입니다. 그런데 복잡한 문제를 지나치게 단순하게 표현하고 논리적 연결고리와 충분한 근거 없이 스토리를 진행하기 때문에, 발표를 듣는 이들이 꼼꼼히 검토하고 비판적으로 생각하는 절차를 없애버리기 쉽습니다. 듣는 사람의 적극적인 개입과 참여를 어렵게 만드는 소통방식입니다. 파워포인트 화면을 따라 화려한 발표를 듣고 있노라면 문제가 간명하게 정리되는 느낌을 갖게 되고, 그래서 복잡한 상황을 충분히 이해하게 되었으며 따라서 문제를 해결할 수 있다는 착각에 빠지기 쉽습니다. 특정한 주장을 펼치기 위해 글을 쓰려면 맥락을 고려하고 논리적으로 타당한 근거를 제시해야 설득력이 생기지만, 파워포인트는 그러한 절차가 지극히 단순화되며 화려한 볼거리로 대체됩니다.

동일한 내용을 한두 장의 문서로 정리하거나 서술형 글을 쓰는 행위는 PPT 문서에 비해 화려하지 않지만 작성하기는 훨씬 힘듭니다. 문장으로 서술하는 작업은 집중적 사고를 통해 복잡한 사안의 본질을 파악한 뒤 논리적으로 정리하고 대안과 결론을 제시하는 과정입니다. PPT는 효과 높은 발표 도구이지만, 준비하는 사람과 듣는 사람을 논리적인 사고와 토론으로 이끄는 도구는 아닙니다. 파워포인트 발표는 그럴듯해 보이지만 실제 결과는 그렇지 못하다는 사실을 아는 경영자들은 발표 대신 근거와 논리에 기반한 문서를 요구하게 된 것입니다.

올림픽이 열릴 때면 금메달 뒤에 첨단 스포츠과학의 도움이 컸다는 기사가 빠짐없이 소개됩니다. 물살의 저항을 극소화시켜주는 전신수영복이나 DNA 맞춤형 체력 훈련 등 사례도 풍부합니다. 하지만 올림픽에 출전한 세계 최고의 선수들이 첨단 스포츠과학 덕분에 메달을 딴 것은 아닙니다. 자신이 어떤 장점과 단점을 지니고 있으며 기술이 어떻게 도움을 줄 수 있는가를 파악하고 적용했기 때문에 좋은 성적을 거둔 것이지요. 기술과 도구는 사용자가 깊이 이해하고 완벽하게 통제할 수 있는 상황에서 사용해야 비로소 효과가 나타납니다.

학습에 기술과 도구를 적용할 때도 마찬가지입니다. 사실 모든 지식이 이미 인터넷에 널려 있고 즉시 검색할 수 있는 상황인데, 왜 학습과 배움이 더 중요해졌는가와 비슷합니다. 최고의 콘텐츠와 학습방법이 모두 들어 있는 스마트폰을 늘 휴대하고 다니면서 우리가 학습방법을 고민해야 하는 이유는 무엇일까요? 국내 최대 규모인 국립중앙도서관에 간다고 해서 도서관의 모든 정보가 내 머릿속으로 들어오는 것은 아닙니다. 도구를 잘 활용하려면 자신의 학습과정에 무엇이 필요한지를 인지하고, 도구가 지닌 특성을 파악해 도구를 충분히 통제하며 원하는 상황에서 적절하게 사용할 수 있는 방법을 알아야 합니다.

스마트폰과 같은 강력하고 편리한 도구가 대부분의 학생들에게 학습의 도우미가 아닌 방해물이 되는 까닭은, 스마트폰이 너무 매력적이고 유용하다보니 사용자가 도구는 물론 자신에 대한 통제력을 잃어버리게 되기 때문입니다.

학부모들과 학습법 관련한 대화를 나눌 때 한 고교생 어머니가 들려준 얘기가 인상적이었습니다.

"동네 학부모 모임에서 엄마들이 높은 성적을 받고 명문대학에 합격한 한 학생을 초청해 공부 비결을 물어보는 자리를 가졌어요. 학생은 어떻게 고3 시절을 보내면서 건강과 학업 스트레스 관리를 했는지 이야기한 뒤 헤어질 때 엄마들에게 오히려 하나를 물어보더라고요. '저 오늘 오후에 전화기를 스마트폰으로 바꾸려고 하는데 어디에 가서 사면 좋을까요?' 엄마들이 갑자기 깨달았지요. '아, 스마트폰 없이 고3 시절을 보낸 것이 비결이었구나'라며 고개를 끄덕였어요."

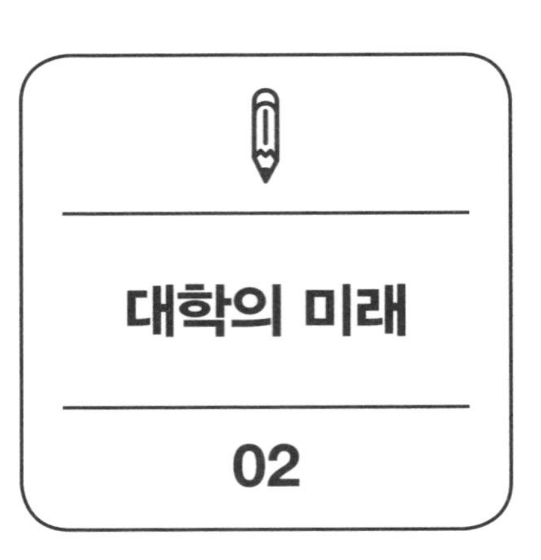

저출생사회에서 달라질 대학입시 경쟁

"고등학교 1학년인 딸이 문과를 가고 싶어하는데, 주위에서 이과를 가는 게 대학 진학과 취업에 훨씬 유리하다고 말해서 갈피를 못 잡겠습니다. 문과, 이과 중에서 어느 쪽을 선택하도록 해야 딸 미래에 도움이 될까요?"

중고생 학부모들을 만나면 빠지지 않는 질문입니다. 그동안 고등학교에서 이루어지는 문·이과 선택은 인생의 방향을 결정하는 중요한 계기였습니다. 문과와 이과 중 어느 곳을 선택하느냐에 따라 이후 학습과정이 정해지고 대학 진학 때 선택할 수 있는 학과도, 직업도 달라지게 마련이었습니다. 문과 이과를 결정할 때 가장 중요하게 고려할 요소는 내가 미래에 어떤 인생을 살고 싶은지, 그러한 삶을 위해서 무엇을 배우려 하고 어떤 직업을 희망하는지일 것입니다. 그런데 실제로 이 선택에서 결정적 요인으로 작용하는 것은 당시의 수학 성적과 국어·영어 등 언어영역 성적인 경우가 대부분입니다. 과학자를 꿈꾸어온 학생이라도 고1 때 수학 성적이 좋지 않거나 수학 공부에 두려움을 느끼면 그동안의 꿈을 버리고 지망학과를 변경해야 하는 상황을 만납니다.[8)]

문과 이과 선택을 놓고 학생과 학부모가 고민하는 상황에는 복잡한 문제가 얽혀 있습니다. 이는 피할 수 없는 현실적 선택인 동시에, 당사자의 근본적인 성향과 태도가 드러나는 자리입니다. 각자에게 미래 대학과 진로의 방향을 결정하는 계기인 동시에, '나는 무엇을 위해 배우고 있는가' '미래에 무슨 일을 하면서 어떤 인생을 살고 싶은가' 하는 중요한 질문을 던지게 되기 때문입니다. 교육은 현재의 내가 아니라 미래의 나를 만들어가는 과정인데, 현재의 조건에 미래의 나를 얼마나 맞출 것인가 하는 질문과 직면하게 됩니다.

이 질문에 답하려면 먼저 대학의 가치와 지위가 과거와 달라지고 있음을 알아야 합니다. 갈수록 심화되는 저출생 현상은 한국 사회에서 지속적으로 성장의 길을 걸어온 대학의 지위도 위협하고 있습니다. 2018학년도부터 대학 입학정원(약 56만 명)보다 고교 졸업생이 줄어들기 시작했습니다. 고교 졸업생 100%가 대학 진학을 선택하는 것도 아니고, 시간이 지날수록 학령인구는 더 빠르게 감소합니다. 2000년 89만 6,100명이던 수능 지원자가 2020년엔 48만 명대로 떨어질 것으로 예상됩니다.[9)]

그래서 정부는 대학 정원을 단계적으로 축소하고 산업계의 일자리 수요에 맞춰 공대 정원을 늘리는 정책을 펼쳐왔습니다. 교육부의 '프라임 사업'(산업연계 교육활성화 선도대학 지원사업)은 인문·사회계열, 자연계열, 예체능계열 학과의 정원을 줄이고 공학계열 정원을 늘리는 대학들을 지원하는 정책입니다. 2016년부터 3년간 예산 6,000억 원을 투입한 대규모 대학 구조조정 사업입니다. 프라임 사업에 75개 대학이 신청해 건국대, 숙명여대, 이화여대 등 21개 대학이 선정되었는데, 이로 인해 21개 대학에서 인문·사회계열 약 2,500명, 자연계열 약 1,100명의 입학정원이 줄어들고 대신 공학계열 정원이 4,500명가량 늘어났습니다.

과학기술·공학 교육을 강화하는 추세는 국내만의 상황도 아니고 미국, 일본, 중국을 포함한 많은 나라에서 마찬가지입니다. 과학science, 기술technology, 공학engineering, 수학mathmatics의 머리글자를 따서 스템STEM이라고 부르는 전공이 미래에 각광받는 분야입니다.

인문계열 모집인원이 축소되고 공학계열의 문이 넓어지는 만큼 학생과 학부모의 관심이 이과로 쏠리는 것은 당연합니다. 이과를 선택하고 대학은 공학계열로 진학하면 입시와 취업 고민이 해결되고, 미래에 대한 대비가 될 수 있을까요?

상황이 그리 단순하지는 않습니다. 진학과 취업에 유리할 것으로 보이는 이과와 공학계열은 장점도 있지만 한계도 있습니다. 여기서 배우는 구체적 지식과 활용 능력은 현장과 실무에서 유용하지만, 이 분야의 전문지식과 노하우는 빠르게 변화하고 인공지능과 정보기술에 의해 손쉽게 대체되는 특성이 있습니다. 필름카메라가 디지털카메라에 의해 대체되고, MP3플레이어와 구형 휴대전화가 스마트폰에 밀려 사라졌습니다. 자동차 역시 전기자동차와 자율주행차의 도전을 받고 있는 현실입니다. 구체적이고 전문적인 지식은 당장 취업에 유리하지만 기술과 산업 지형이 변하면 취약해진다는 딜레마를 안고 있습니다.

인문학 전공이 취업에 유리한 것도 아닙니다. 인문학은 근본적으로 직업훈련과 연관된 학문이 아닙니다. 인간을 탐구하고 생각하는 방법을 훈련하는 학문입니다. 따라서 어떤 직업이든 선택이 가능하지만, 어느 분야에서도 바로 써먹을 수 있는 전문성을 인정받지 못합니다. 하지만 인문학처럼 근본을 추구하는 학문은 당장은 직업 안정성이 떨어지고 비실용적이지만 누구도 답을 알지 못하는 미지의 영역에서 쓸모가 커집니다. 미래에는 빠른 기술 변화로 인해 끊임없이 새로운 지식과 직업을 모색하는 일을 피해갈 수 없습니다. 누구나 여러 차례 전공과 직업을 바꿔야 하고 그에 필요한 능력과 학습태도가 무엇보다 중요해집니다. 드루 파우스트Drew Faust 하버드대 총장은

"인문학은 학생들이 뭔가 궁금한 점을 발견했을 때 이를 바라보는 인식의 방식과 사람들의 삶을 이해하는 방식을 제공한다"며 "교양 교육은 학생들에게 첫 직업이 아니라 여섯 번째 직업을 준비하는 데 도움을 줄 수 있는 능력을 길러줘야 한다"고 말했습니다.[10)]

문과, 이과 구분이 사라진다

미래는 어떻게 펼쳐질지 모르는 미지의 영역이고, 교육의 주목적은 미래를 살아가기 위한 힘을 기르는 것입니다. 100세 인생을 살아갈 오늘날 젊은이들에게 교육은 더욱 먼 미래를 대비할 수 있게 해주어야 합니다. 눈앞의 취업을 목적으로 삼는 교육은 사회 각 영역에서 광범한 변화가 지속적으로 진행될 미래사회를 살아가는 데 현명한 준비가 되지 못합니다.

고등학교에서 문과와 이과를 나누고 그에 따라 대학 진학을 제한하는 교육방식은 이미 낡아버려 더 이상 쓸 수 없는 상황에 직면했습니다. 정부도 문·이과 통합 교육과정을 추진하고 있습니다. 2018학년도부터 모든 고1 학생들은 공통적으로 통합사회, 통합과학을 배우고 이는 2021학년도 대입 수능시험부터 적용됩니다. 수능 수학 과목이 여전히 가형(이과)과 나형(문과) 두 가지로 치러지기 때문에 문·이과 통합이 반쪽에 불과하다는 지적도 있지만, 큰 흐름은 문과와 이과의 구분을 없애는 쪽으로 진행되고 있습니다.

고등학교에서만 문과 이과의 구분을 없애려는 것이 아니라, 대학들도 전공을 없애거나 통합하는 추세가 확산되고 있습니다. 이화여대는 2018학년도부터 정시모집에서 학과나 전공 구분 없이 인문계열과 자연계열로만 389명을 선발했습니다. 이 학생들은 1년간 대학생활을 한 뒤 고교시절 문과 이과 여부에 상관없이 자유롭게 학과와 전공을 선택할 수 있습니다.[11] 대구경북과학기술원DGIST·디지스트은 2015년부터 학과 없는 단일학부로 운영하고 있으며, 카이스트는 그동안 학과 구분 없이 모집해 2학년 때 전공을 선택하도록 해왔습니다. 신성철 카이스트 총장은 융합교육을 강조하면서 한 발 더 나아가 2018학년도부터 카이스트의 학과를 아예 없앤다는 선언을 하고 융합기초학과를 만들어 융합학사 학위를 주기로 했습니다. 전공에 얽매이지 않고 튼튼한 기초학문의 소양을 갖춰야 한다는 게 카이스트 총장의 교육철학입니다. 이덕환 서강대 화학과 교수도 문과 이과로 나눠 가르쳐온 현실을 비판합니다.[12] 기본적인 과학상식도 이해하지 못하는 문과 출신과 최소한의 인문학적 소양조차 갖추지 못한 이과 출신이 할 수 있는 일이 빠르게 사라지고 있기 때문입니다.

문과와 이과를 구분하는 방식은 일제강점기의 유산으로, 그러한 방식을 고수하는 나라는 한국, 일본, 중국밖에 없습니다. 산업혁명 이후 제도화된 근대 교육은 공장과 사무실에서 일할 인력을 대량으로 빠른 기간에 길러내는 방식이었습니다. 의무교육과정에서 읽기, 쓰기, 셈하기 능력을 가르치고, 고등학교와 대학에서는 각 직무 분야에서 필요한 전문지식을 효율적으로 교육하기 위해 문과와 이과를 구분해 가르쳤습니다. 교육도 도달해야 할 목표를 설정해두고 그 내용을 전수한 뒤 암기하여 평가하는 방식으로 진행됐습니다. 하지만 인공지능 기술의 등장으로 인해 정형화된 분과적 지식을 암기하고 평가하는 방식은 폐기될 운명입니다.

글쓰는 과학자 최재천 교수의 비결

국립생태원장을 지낸 자연과학자 최재천 이화여대 석좌교수는 십수년 전부터 문·이과 구분을 없애야 한다고 주장해왔습니다. 현대의 문제는 한 분야의 지식과 전문성으로는 해결할 수 없는 복잡계 수준의 문제이기 때문에 미래에는 더욱 '통섭'형 인재가 요구된다는 것이지요.

최 교수는 어려서부터 시인을 꿈꿔온 자연과학자로서, 문과 이과 구분에 갇히지 않았기 때문에 남들이 가지 않은 새로운 길을 개척할 수 있었다고 말합니다. 그는 고교시절 문학을 하고 싶어 문과를 희망했지만 대입 합격을 위해 이과반을 늘린 학교 결정에 따라 이과로 배정된 것이 결국 동물학자의 길로 이어졌다고 합니다. 어려서는 자연 속에서 곤충을 쫓아다니며 뛰어놀고, 학창시절엔 책과 글쓰기를 좋아하는 문학청년으로 호기심을 좇아 종횡무진 경계를 넘나들며 공부했습니다. 그 덕분에 그는 교수, 통섭학자, 베스트셀러 작가, 환경운동가, 생태원장 등으로 다양한 활동을 펼치며 국내에 드문 융합적 지식인의 길을 개척했습니다. 최재천 교수는 "자녀를 통섭적 인재로 키우려면 넓게 볼 줄 아는 시각을 키워주어야 한다"고 말합니다.

> "넓게 보려면 당장 눈앞에 닥친 목표만 보게 하기보단 주변 사물에도 눈을 돌릴 줄 알아야 합니다. 그런데 아이의 눈과 귀를 막고 앞으로만 달리라고 보채니 아이는 옆으로 고개를 돌리는 법조차 잊어버리게 됩니다. 넓은 시각은 시킨다고 해서, 참고서를 읽으라고 해서 갖춰지는 것이 아닙니다. 아이가 직접 고개를 돌려 이곳저곳 둘러보아야 비로소 트이고 열리는 것입니다."[13)]

현실의 문제에는 문과 이과의 구분이 없습니다. 어느 분야를 선택해도 현실의 복잡한 문제를 해결하려면 통합적 지식과 접근이 필수입니다. 문과 이과로 나뉘어 교육받은 기성세대는 고교시절의 영향으로 졸업한 뒤에도 문과 이과라는 낡은 구획선을 넘어서는 탐구와 도전을 꺼리고 두려워하는 경우가 흔합니다. "나는 문과 출신인데, 수학적 지식이 필요한 저걸 어떻게 알 수 있겠어? 수학 싫어서 문과 간 건데." "내가 이과 출신인데, 다른 사람들의 복잡한 심리와 반대 논리까지 이해해야 할 필요가 있어?" 문과 출신, 이과 출신이라는 구분이 한 개인의 살아가는 방식과 문제해결 방식을 크게 제한하는 부정적 결과로 이어질 수 있습니다. 문과와 이과라는 낡은 벽에 갇히지 않고 어떤 분야를 택하더라도 내가 모르는 영역에 대해 심리적으로 담을 쌓지 않는 것이 중요합니다.

앞으로 무엇을 전공하거나 어떤 직업을 희망할지 이미 선택한 학생들은 예외겠지만 대부분의 학생과 학부모가 문과 이과 선택을 놓고 고민하는 것은 현재의 고교 교육과정과 대학입시 현실에서 자연스러운 현상입니다. 하지만 멀리 보고 현명한 판단을 내리려면 눈앞의 현실 너머 진짜 중요한 것이 무엇인지 생각해야 합니다. 자신이 어떠한 미래를 원하는지에 대한 생각과 준비 없이 판단하면 위험합니다.

위기의 대학

2016년 6월 고려대, 연세대, 서강대, 이화여대 등 서울 주요 10개 대학 총장들이 '미래대학포럼'을 열어 대학의 앞날을 고민하는 자리를 가졌습니다. 포럼 의장인 김용학 연세대 총장은 "길드로 시작된 중세 대학이 근대를 지나며 국민대학으로 변화하면서 직업교육이 아닌 학문을 위한 대학이 생겨났는데, 제4차산업혁명과 인공지능의 발전을 맞아 대학이 다시 문명사적 기로에 서 있다"고 진단했습니다.[14] 김 총장은 대학이 직면한 위기상황을 대학의 재정위기, 인공지능으로 인한 지식 생산·유통의 획기적 변화, 대학 무용론과 같은 정체성의 위기 등으로 요약했습니다. 대학진학률은 2005년 82.1%였으나 계속 하락해 2015년 이미 70.8% 수준으로 낮아졌습니다. 교육열 세계 최고의 한국 사회에서 굳건할 것만 같았던 대학의 지위가 흔들리는 데는 몇 가지 이유가 있습니다.

첫째, 한국 사회 인구구조의 변화입니다. 1970년 전후로는 해마다 신생아가 100만 명 넘게 태어났지만 2016년 40만 6,200명, 2017년 35만 7,700명, 2018년 32만 6,900명으로 급속히 줄어들고 있습니다. 2018년 여성의 합계출산율은 0.98로, 2017년의 1.05, 2016년의 1.17에서 계속 추락하며 세계 최저 기록을 해마다 갈아치우고 있습니다. 시간이 갈수록 학령인구 또한 줄어들어 대학에 갈 고교생이 절대적으로 감소합니다. 학생 수가 부족해 등록금 수입이 줄어드는 대학은 살아남기 어렵습니다.

둘째, 교육 투자효과에 대한 기대가 낮아지고 있습니다. 대학 등록금은 매우 비싸지만 대학 졸업장이 취업에 큰 도움이 되지 못하고 대졸 실업률이 매우 높습니다. 또한 대학이 담당해온 전문적이고 수준 높은 교육을 대학 바깥에서도 거의 무료로 풍부하게 이용할 수 있습니다. 무크와 인터넷 데이터베이스는 대학 강의와 도서관의 기능을 대체하고 있습니다.

셋째, 대학이 미래사회에 꼭 필요한 지식과 능력을 제대로 교육하고 있는가에 대한 의문입니다. 기존 대학이 급변할 미래를 대비할 수 있는 유연하고 창의성 넘치는 교육을 제공하지 못한다는 생각이 확산되고 있습니다. 현재 아무리 많은 지식과 정보를 지니고 있어도 지식이 낡아버리는 속도가 점점 더 빨라지기 때문에 특정 시점에 획득한 지식과 학위의 유용성이 사라지게 됩니다. 요즘은 의대에서 교수가 학생들에게 "몇 년 지나면 여러분이 지금 배운 것의 절반은 틀렸다는 게 드러날 텐데, 우리 교수들도 그 절반이 무엇일지 모른 채 가르친다"고 말합니다.[15)]

대학의 위기는 한국만의 상황도 아닙니다. 미국 하버드 경영대학원이 펴내는 〈하버드 비즈니스 리뷰*Harvard Business Review*〉는 2014년 "학위의 시대가 저물고 있다"는 기사를 실어 "대학 졸업장이 과거처럼 유용하지 않다"며 "사람을 학위로 평가하는 시대가 끝났다"고 선언했습니다.[16)] 미래학자 토머스 프레이Thomas Frey는 심지어 "2030년 전에 세계 대학의 절반이 사라질 것"이라고 내다보았습니다.[17)]

지금까지 학위 발급을 통해 유지해온 대학의 유용성과 권위가 밑바닥에서부터 흔들리는 변화가 일어나고 있습니다. 이러한 대학 위기론의 핵심은 대학 졸업장의 가치가 떨어졌다는 데 있습니다. 졸업장이 졸업생의 능력을 보증하고 미래를 예측하는 지표가 되지 못한다는 뜻이지요.

■ 브리태니커와 위키피디아의 엇갈린 운명

영국의 과학학술지 〈네이처*Nature*〉는 2005년 12월호에 세계적 권위를 자랑하는 《브리태니커백과사전*Encyclopaedia Britannica*》과 온라인 백과사전 〈위키피디아Wikipedia〉를 비교한 연구결과를 실었습니다.[18] 과학 분야에서 50개 항목을 무작위로 선정해 정확도를 비교한 결과 《브리태니커》와 〈위키피디아〉에서 각각 4곳씩 중대한 오류가 발견되었습니다. 사실기록 누락 등 사소한 오류는 《브리태니커》가 123개, 〈위키피디아〉가 162개였지만 〈위키피디아〉의 서술 분량이 훨씬 많아서 두 사전의 정확도는 차이가 없다는 결론을 내렸습니다. 세계 최고의 전문가들이 오랜 기간 많은 예산을 들여 출간한 권위 있는 사전과, 전 세계 누구나 자발적으로 편집에 참여하고 무료로 제공되는 온라인 사전 간에 정확도 차이가 없다는 사실에 일반인은 물론 세계 지성계가 놀랐습니다.

더욱 놀라운 일은 〈네이처〉 연구결과 이후 벌어졌습니다. 〈네이처〉 2005년 12월호가 발간되자 수많은 사람들이 편집에 나서 오류로 지적된 〈위키피디아〉의 항목들이 빠르게 수정됐습니다. 반면 종이로 인쇄된 《브리태니커》는 수정이 불가능했습니다. 결국 《브리태니커》는 2012년 종이사전 발간을 중단하고 온라인으로만 서비스하기로 결정했습니다. 특정 시점에선 유용한 정보여도 지식의 변화에 따라 이내 낡은 정보로 바뀔 수 있다는 현실을 결국 수용한 것입니다. 디지털 세상에서 지식이 어떻게 변화하고 있는지를 알려준 상징적 사건입니다.

인재 채용의 방식이 바뀐다

그동안 출신 대학과 학위는 개인의 능력과 지식 정도를 가늠할 수 있는 잣대로 여겨졌습니다. 특정한 업무에 요구되는 능력과 지식이 규정돼 있을 때는 출신 대학과 전공학위가 유효성을 지녔습니다. 그런데 기술이 빠르게 발전하고 직무가 끊임없이 변화하며 점점 복잡해져가는 현대사회에서 학위는 더 이상 한 사람의 업무 능력을 평가할 만한 정확한 잣대가 되지 못합니다. 각 기업과 공공기관이 채용을 위한 별도의 시험과 선발방법을 개발해 적용하는 까닭이기도 합니다. 삼성그룹은 GSAT, 현대자동차그룹은 HMAT, 엘지그룹은 LG Way Fit Test 등 별도의 채용시험을 진행합니다.

구글은 창의적인 서비스 개발을 위해 가장 뛰어난 인재를 뽑는 기업으로 널리 알려져 있습니다. 기자인 저는 미국 구글 본사를 방문해 구글의 인재 채용 비결을 취재한 일이 있습니다. 구글 채용담당 임원은 "출신 학교나 성적 같은 외형적 지표로 사람을 뽑는 것은 '게으른 방식'"이라면서, 구글은 문제해결 능력과 협력적 리더십을 갖춘 인재를 뽑기 위해 다양한 방법을 동원한다고 말했습니다.[19)]

국내 기업에서도 경력사원을 채용하거나 뛰어난 인재를 스카우트할 때 출신 학교나 학위는 중요하지 않습니다. 스카우트 대상이나 경력사원은 그동안 이룬 업무 성과가 확실한 평가자료이기 때문에 학력이나 자격증 등 정확도가 떨어지는 측정수단에 의존할 이유가 없습니다. 또 문화나 예술, 스포츠 분야처럼 실력이 그대로 드러나는 공정하고 정확한 평가수단이 있는 영역에서도 대학 졸업장과 자격증이 거의 의미가 없습니다. 김연아, 박태환, 손흥민 선수, 피아니스트 조성진, 선우예권에게 출신 학교가 중요할까요?

작품 포트폴리오를 통해 평가받는 디자이너나 개발자가 아니어도, 디지털화는 개인별 업무 능력과 성취 수준을 평가하는 다양한 방법을 출현시키고 있습니다. 미국에서 입사 지원자들은 에듀클리퍼EduClipper, 패스브라이트Pathbrite 같은 교육도구에 온라인 포트폴리오를 전시하고 커뮤니티에서 평판을 쌓고 있습니다. 디지털과 온라인이 생활화되면서 우리 활동의 대부분이 데이터로 기록되는 환경에서 평가수단은 점점 정교해지고 과학적이 되어가고 있습니다.

새로운 대학이 몰려온다

대학에 입학하지 않고도 얼마든지 전문지식을 습득할 수 있고 대학 졸업장의 가치가 하락하면, 투자 대비 효과가 의심스러운 대학 진학을 고집할 이유도 사라질까요? 대학을 거치지 않은 다양한 경력의 전문가가 등장하고, 대학 졸업장이 아닌 능력과 경력 중심의 인재 채용 방식이 늘어나면서 학벌사회의 폐해는 점점 줄어들 것입니다. 인생 계획과 적성에 맞지 않는데도 "무슨 일을 하더라도 무조건 대학은 가고 봐야 한다"는 강박도 사라질 것입니다. 하지만 그렇다고 해서 가까운 미래에 대학 진학이 시간과 비용이 아까운 선택이 될 것이라는 판단은 성급합니다.

대학 아닌 곳에서도 대학 이상의 배움이 가능하지만 미래에도 대학만의 장점은 여전합니다. 대학은 자유롭고 깊이 있는 지적 탐구를 할 수 있는 최적의 공간입니다. 교육에는 좋은 도서관도 필요하지만, 교수와 동료학생 등과 활발히 상호작용하며 다양한 지적 자극에 지속적으로 노출되는 환경이 중요합니다. 학문 전통이 우수하고 교수와 졸업생들의 평판이 좋은 대학에 진학해 동일한 주제에 관심을 가진 다양한 구성원이 같은 물리적 공간에서 탐구와 토론을 통해 학습하는 방법은 인공지능 시대에 오히려 희소해져서 가치가 높은 선택이 될 것입니다. 인공지능 시대를 맞아 대학이 맞이한 위기는 대학이 추구하고 베풀어야 할 교육의 본질이 무엇인가를 다시 한 번 묻게 합니다.

위기를 감지한 대학 차원에서도 주목할 만한 변화가 일어나고 있습니다. 앞서 살펴본 카이스트나 이화여대처럼 기존의 전공과 학과 구분을 넘어서는 통합교육이 확산되고 있습니다. 가르치는 방식에도 변화를 주어 이른바 '거꾸로 수업'이 늘고 있습니다. 플립러닝Flipped Learning으로도 불리는 거꾸로 수업은, 학생들이 수업 전에 선생님이 미리 만들어놓은 동영상을 보고 오면 수업시간은 활동과 토론 중심으로 진행하는 새로운 교수법입니다. 선생님이 강의하고 학생들은 듣고 필기하는 기존 수업방식과 반대라는 의미에서 '거꾸로 수업'이라고 불립니다. 미국에서 시작된 이 수업방식은 2014년 '거꾸로 교실 프로젝트'로 불리는 교육다큐멘터리 시리즈가 KBS에서 방송된 이후 카이스트, 서울대, 고려대 등 여러 대학을 비롯해 초중고 학교들로 확산되고 있습니다. 이 다큐멘터리를 제작한 KBS 정찬필 PD는 거꾸로 수업이 잠자던 학생들과 침묵의 교실을 바꿔내는 현실을 충격적으로 경험한 뒤 KBS를 퇴사했습니다. 그는 교육운동가로 변신해 '미래교실네트워크'라는 교육개혁단체를 설립해 전국의 교사들과 함께 거꾸로 수업 확산 운동에 뛰어들었습니다.[20)]

미국의 교육기업 맥그로힐에듀케이션은 인공지능을 교육환경에 도입하는 새로운 시도를 선보였습니다. 정해진 커리큘럼을 일방적으로 전달하는 것이 아니라, 상황에 따라 학생들에게 던지는 질문과 교육방법이 달라지는 모델을 적용하고 있습니다.[21)] 인공지능이 학생들의 학업 성취와 흥미를 꾸준히 재평가하며 성공적인 학습을 지원하는 방식입니다.

과거의 교육방식으로 인공지능 시대를 대비할 수 없다는 교육계의 각성은 수업방식의 변화를 넘어 아예 새로운 형태의 학교 창설로 이어지고 있습니다. 건명원과 미네르바스쿨이 대표적입니다. 건명원建明院은 기업인 오정택 씨가 설립한 두양문화재단이 2015년 서울 가회동에 만든 교육기관으로 '21세기 융복합 인재 양성소'를 지향합니다. 국적과 스펙 제한 없이 논술과 심층면접으로 모집한 20대 30여

명에게 1년간 동서양 고전을 중심으로 인문·과학·예술을 통합적으로 교육하는데, 학비와 학위가 없습니다. 철학자 최진석 교수가 원장을 맡고 정하웅 카이스트 교수(물리학), 주경철 서울대 교수(서양사학) 등 최고의 전문가들로 교수진을 꾸렸습니다.

미네르바스쿨은 전 세계 학생들에게 열려 있는 신개념 대학입니다. 정해진 캠퍼스 없이 샌프란시스코, 베를린, 런던, 서울 등 세계 7개 도시를 옮겨 다니며 100% 온라인에서 영어로 수업합니다. 모든 강의는 '거꾸로 수업' 방식으로 과제를 해야만 참여할 수 있고, 방문 국가의 기업과 대학에서 인턴십과 팀프로젝트를 진행하며 문제해결력 중심으로 공부합니다. 정해진 교과과정을 정해진 교수가 한 교실에서 강의하는 교육법으로는 인공지능 시대에 창의적 인재를 키워낼 수 없다는 인식에서 출발했습니다. 4년 과정으로 1년에 400명씩 선발하는데 아이비리그 합격생들이 미네르바스쿨을 선택하는 등 세계적 명문대보다 입학하기가 어려울 정도로 인재들이 몰리고 있습니다.[22]

미네르바스쿨 등이 기존의 학교와 다른 점은 지식을 가르치는 대신 배우는 법을 가르친다는 점입니다. "비판적으로 생각하는 법, 창의적으로 생각하는 법, 효과적으로 의사소통하는 법, 동료들과 상호작용하는 능력"을 가르치는 데 주력합니다.[23] 사실 이런 능력이야말로 실제 사회에서 대학교육을 받은 사람에게 기대하는 것이겠지요.

배우는 법을 배워야 한다

하버드대학의 물리학자 새뮤얼 아브스만Samual Arbesman은 "모든 지식은 유효기간을 갖고 있다"며 '지식의 반감기the half-life of facts'라는 개념을 제시합니다. 디지털 세상에서 모든 정보는 '절대지식'이 될 수 없고 유효기간과 반감기를 지닌 '가변적이고 잠정적인 지식'입니다. 아브스만은 "단순히 지식을 습득하는 것보다 변화하는 지식에 어떻게 적응해야 할까를 배우는 게 더 중요하다"라고 말합니다.[24)]

끊임없이 새로운 것을 배워야 하는 평생학습의 시대에, 대입 중심의 한국 교육은 학생들로 하여금 미래를 준비하게 하기보다 오히려 위기로 내몰고 있다는 점에서 매우 위험합니다. 한국 교육의 구조적 문제는 국가 간 비교조사에서도 확인됩니다. 2012년 15세 청소년들을 대상으로 한 국제학업성취도평가PISA 수학 부문에서 한국 교육은 OECD 34개국 중 1위를 차지했습니다. 하지만 주당 수학 학습시간은 7시간 6분으로, 학습효율성은 OECD 국가 중 꼴찌였습니다.[25)] 한국 교육은 단기간에 높은 성취를 이룩한 성공적 사례로 언급되지만, 내용을 보면 극심한 경쟁에 기반하고 있음을 알 수 있습니다.

성인(16~65세)을 대상으로 학업 역량을 평가하여 국가 간 비교를 하는 2016년 국제 성인역량조사PIAAC에서도 한국 교육의 특징이 그대로 드러납니다.[26)] 10대와 20대 초반의 문해력과 학업 성취는 세계 최상위 수준이지만, 이후 급속한 기울기로 하락해 55~65세는 바닥

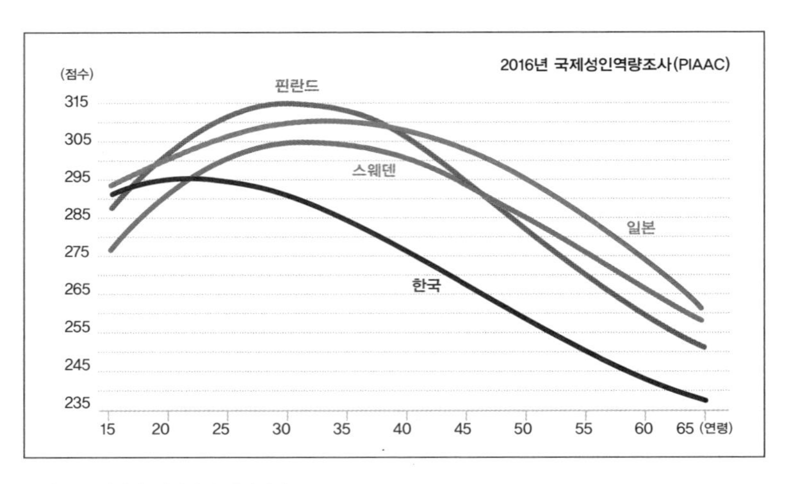

그림5 문해력과 연령대의 상관관계

권입니다. 장·노년층이 상대적으로 교육 기회를 누리지 못한 것도 한 원인이지만, 기본적으로 10대에 학습량이 집중되고 고교 졸업 이후엔 학습을 하지 않는 대입 중심의 교육 시스템을 반영합니다.

한국은 '나는 새로운 것을 배우기 좋아한다'라는 PIAAC 학습흥미도 조사에서도 꼴찌를 기록했습니다. 대입이라는 생존경쟁이 벌어지는 10대 때는 어느 나라보다 오랜 시간 학습하지만, 각자의 필요와 사회의 요구에 따라서 진행되어야 할 이후의 자발적 학습에서는 동기를 잃어버린다는 사실을 보여줍니다. 학교 교육이 미래에 불필요한 지식을 강요해 오히려 자발적 학습 능력을 잃어버리게 만드는 역기능을 하고 있다는 지적이 나오는 이유입니다.

한국의 입시 위주 교육에 대해 세계적인 미래학자 앨빈 토플러는 “한국 학생들은 학교와 학원에서 미래에 필요하지도 않은 지식과 존재하지도 않을 직업을 위해 하루에 10시간 넘게 낭비하고 있다”고 지적했습니다.[27] 그는 2001년 한국 정부의 의뢰로 작성해 제출한 보고서 〈위기를 넘어서 : 21세기 한국의 비전〉에서도 다음과 같이 교육개혁을 강조한 바 있습니다.

“한국의 교육체계는 반복작업 위주의 굴뚝경제 체제에 기초한 형태로 발전하고 학생들을 교육시켜왔다. 한국 교육은 학생들이 21세기에 맞는 24시간 유연한 작업체계보다는 사라져가는 산업체제의 시스템에 알맞도록 짜인 어긋난 교육 시스템을 고수하고 있다. 21세기 교육 시스템은 학생들이 어느 곳에서나 혁신적이고 독립적으로 생각할 수 있는 능력을 배양해 새로운 환경에 적응할 수 있도록 길러줘야 한다.”[28]

현재의 입시 위주 학교 교육은 엄청난 양의 지식이 빠른 속도로 생산되는 환경에서 미래 대비책이 되지 못합니다. 지식의 구조가 바뀐 디지털 세상에서 살아남는 가장 현명한 방법은 독립적이고 자발적인 학습자가 되는 것입니다. 끊임없이 변화하고 확대되며 새로워지는 지식을 스스로 탐구해나가는 것입니다. 세계 최고 대학의 전문가들이 무료 온라인 강의를 제공하고 있습니다. 최고의 콘텐츠는 캠퍼스가 아닌 인터넷에 널려 있습니다. 특별한 커리큘럼을 찾기보다 스스로 학습동기를 키워서 공개된 콘텐츠를 효율적으로 활용하는 것이 최고의 교육이 아닐까요.

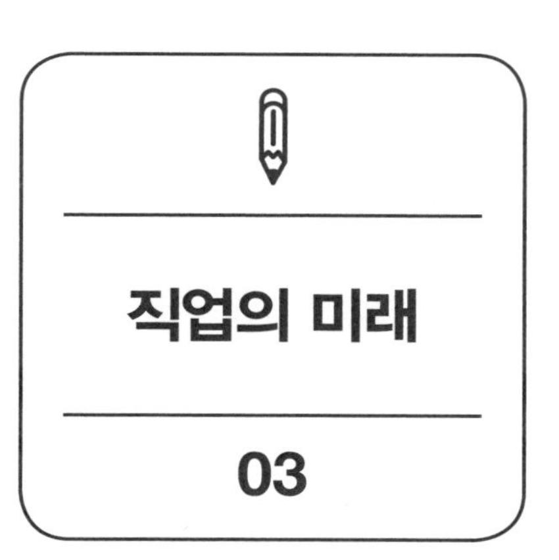

직업의 미래

03

내 직업의 유효기간은?

"세무사는 머지않아 인공지능과 자동화에 의해 대체될 가능성이 높은 직업이라고 얘기하셨잖아요. 그러면 지금 세무고에 다니는 저와 친구들은 어떻게 해야 하나요? 지금이라도 학교를 중퇴하고 다른 길을 찾아야 할까요?"

알파고 충격이 가시기 전인 2016년 여름, 서울시교육청 학생수련원에서 강연을 하던 중 난감한 상황을 만났습니다. 서울의 한 세무고등학교 학생으로부터 이런 질문을 받았습니다. 온라인·자동화 덕분에 연말정산과 각종 세무신고는 과거와 비교할 수 없이 간소화되었고 앞으로 이런 추세는 더욱 강화될 것입니다. 세무사와 회계사의 일자리가 큰 폭으로 줄어들 것은 불을 보듯 빤하니, 세무고 학생들의 불안은 당연했습니다.

세무고 학생들뿐만이 아닙니다. 거의 모든 직장인들이 "언제까지 현재 직장을 다닐 수 있을까" 불안해합니다. 변호사, 의사 같은 전문직도 마찬가지입니다. 10년 뒤에 지금의 일터가 그대로 유지되리라고 보는 사람은 거의 없습니다. 일상에서도 이미 은행원 업무는 모바일뱅킹으로, 경비원과 주차관리원의 일은 CCTV와 자동 출입장치로 대체되고 있습니다. 고속도로 톨게이트와 휴게소에는 하이패스와 셀프 음식주문 기기가 설치되어 사람이 기계에 밀려나고 있습니다.

전문 연구기관들이 내놓은 미래 전망은 더욱 암울합니다. 2013년 영국 옥스퍼드대의 칼 프레이Carl Frey, 마이클 오스본Michael Osborne 교수는 향후 20년 안에 미국의 706개 일자리 중 47%가 자동화로 사라질 위험이 있다는 보고서를 발표해 충격을 던졌습니다.[29] 2016년 1월 스위스 다보스에서 열린 세계경제포럼WEF은 2020년까지 주요 국가에서 4차산업혁명의 영향으로 일자리 710만 개가 사라질 것이라고 예측했습니다.[30] 2011년 입학한 초등학교 신입생 65%는 당시 시점에서는 존재하지 않는 직업을 미래에 갖게 될 것이라는 미국 노동부 보고서도 인용했지요.[31] 2017년 컨설팅기업 매킨지는 로봇과 자동화로 인해 2030년까지 미국에서는 3명 중 1명꼴로, 전 세계적으로는 8억 명의 인구가 실업자가 될 것이라고 내다봤습니다.[32]

최신 기술을 적극적으로 수용하는 '얼리 어댑터'의 나라 한국은 더 취약합니다. 2016년 한국노동연구원이 발표한 보고서는 미래 기술의 영향이 미국보다 한국에서 더 클 것이라고 전망했습니다.[33] 옥스퍼드대 연구진의 분석에 따르면, 국내 일자리는 미국보다 훨씬 높은 55~57%가 컴퓨터나 로봇에 의해 대체될 '소멸 고위험군' 직종에 속하는 것으로 나타났습니다.

한국은 이미 8년째 세계 최고의 로봇 밀집 국가입니다. 국제로봇연맹IFR에 따르면, 2017년 한국 노동자 1만 명당 산업용 로봇 수는 710대로, 세계 평균 88대에 비해 압도적입니다. 우리나라가 산업용 로봇을 많이 사용하는 자동차, 전자, 반도체 중심의 제조업 국가라는 점과, 신기술 도입에 사회적 저항이 낮은 문화 배경 때문이지요. 우리나라의 로봇 밀집도는 미래에 더 높아질 전망입니다. 세계적 컨설팅 기관인 보스턴컨설팅그룹이 발표한 미래예측 보고서는 미래에도 여전히 한국을 세계 1위의 산업용 로봇 사용 국가로 전망합니다.[34] 보고서는 2025년까지 한국은 제조업 노동력의 40%를 로봇으로 대체하고 로봇으로 인해 10년 동안 인건비를 33% 감축할 것이라고 전망했습니다. 인건비 33% 절감은 기업 소유주에게는 수익성이 높아진다는 얘기지만 노동자들에겐 대규모 실업 사태를 의미합니다.

사실 기술 발달과 사회 변화에 따라 직업의 지형도는 늘 변해왔습니다. 엘리베이터 안내원, 타이프라이터, 버스 차장, 비행기 항법사 등의 직업은 사라졌지만, 그만큼 혹은 그보다 더 많은 새로운 일자리가 생겨났습니다. 하지만 최근의 '4차산업혁명'으로 인한 일자리 변화는 기존과 비교할 수 없이 광범하고 급속히 진행되는 특징이 있습니다. 인공지능, 컴퓨터, 로봇, 자동화로부터 자유로운 직업은 이제 없습니다. 평생직장, 평생직업은 아예 존재하지 않습니다. 인공지능이 음악 연주는 물론 작곡을 하고 소설을 쓰고 그림까지 그리는 세상이니, 인간만의 영역으로 추앙받아온 예술마저 무풍지대가 아닙니다.

한동안 경쟁자 없는 최고의 기술기업이던 코닥필름, 모토로라, 블랙베리, 노키아, 야후 등이 기술과 시장 변화에 적응하지 못하고 무너졌습니다. 국내에서도 삼보컴퓨터, 아이리버, 팬택 등이 비슷한 경로를 밟았습니다. 뛰어난 기술과 인력을 보유한 유수의 기업도 변화에 대응하지 못하고 사라지는데, 개인이 평생 안정적인 직장이나 직업을 가질 수는 없습니다. 모든 직업이 자동화 기술의 영향을 받게 된다는 것은 애써 취업을 해도 누구나 잠재적 실업자 처지에 놓인다는 걸 의미합니다.

우리나라에서 뜨는 직업, 지는 직업

2018년 한국고용정보원은 기술 발달로 사라질 직업들과 새롭게 떠오를 직업들의 목록을 발표했습니다.[35] 위기직업으로는 콜센터 직원, 생산·제조 관련 단순 종사원, 진단방사선과 전문의와 같은 의료진단 전문가, 금융사무원(은행텔러), 창고 작업원, 캐셔 등이 꼽혔습니다. 높은 숙련도가 필요한 전문직인 회계사무, 법률사무, 통번역, 임상병리, 영상의학분석 등도 인공지능에 의해 직무의 상당 부분이 대체될 수 있기 때문에, 직업에 대한 수요가 큰 폭으로 축소될 것으로 전망했습니다.

반면 4차산업혁명 시대에 떠오르는 분야로는 사물인터넷, 인공지능, 빅데이터, 가상현실, 3D프린팅, 드론, 생명공학, 정보보호, 응용소프트웨어 개발, 로봇공학 등이 선정되었습니다. 저숙련 일자리이지만 기계에 대체될 가능성이 낮은 '안전한' 직무로는 육가공(발골), 청소, 간병, 육아 등이 꼽혔습니다. 사람의 정교한 손길이나 감정이 필요해 자동화가 쉽지 않기 때문이지요.

연구개발, 공정관리, 설비 유지보수 담당자와 판검사, 의사 등의 전문직도 기술로 인한 위협이 적을 직업으로 분석됐습니다. 높은 숙련도가 필요하고 매뉴얼이 있어도 기계가 그대로 처리할 수 없는 분야이기 때문입니다. 고용정보원은 "이들 직업은 인간의 정서적 판단, 불규칙적인 사건·사고에 유연하게 대처하는 능력, 새로움에 대한 호기심과 용기 등 고차원적 태도가 필요하다"며 "인공지능이 이들 전문직의 일자리를 위협한다고 하지만, 금세기 내에 이들 인간의 능력을 뛰어넘는 기술적 진전이 이루어지기는 어려울 것"이라고 분석했습니다.

'지금' 뜨는 직업의 역설

전문기관이 '뜨는 직업'으로 예측한 일자리를 선택하면 미래에 대비할 수 있을까요? 그렇지 않습니다. 오히려 지금 시점에서 뜨는 직업으로 제시되는 일자리 상당수가 미래에는 더 불안정한 직업이 될 수 있습니다. 왜 그럴까요?

첫째, 기본적으로 미래는 예측이 불가능합니다. '뜨는 직업'이란 특정한 미래의 모습이나 방향을 상정한 상태에서 예측한 직업입니다. 그런데 갈수록 예측이 불가능해지는 미래사회에서 뜨는 직업 전망은 예측하는 시점에서의 희망사항에 그치는 경우가 많습니다. 예측 시점에서 생각한 미래의 상황과 그 미래가 당도했을 때의 실제 상황은 완전히 다른 경우가 많습니다. 미래가 예측한 대로 펼쳐진다면 마케팅 전략도, 주식투자도 존재할 수 없습니다. 치밀한 시장조사를 거쳐 출시된 신제품 대부분이 실패하는 이유입니다. 사람은 새로운 정보와 환경에 따라 수시로 판단을 바꾸는 예측불가능한 존재입니다.

경영학의 아버지로 불리는 피터 드러커Peter Drucker는 "우리가 미래에 대해 아는 유일한 사실은 현재와 다르리라는 것뿐"이라고 말했습니다.

둘째, 고용시장도 수요공급 곡선의 영향을 받기 때문에, 인력 공급이 일자리 수요에 비해 넘치면 해당 직업의 시장가치가 떨어지게 마련입니다. 알파고 이후 인공지능, 머신러닝 전문가의 몸값이 크게 올라간 것은 이 분야가 생겨난 지 얼마 되지 않아 전문가가 워낙 희소하기 때문입니다. 4차산업혁명 영향으로 인공지능이 유망 분야라고 소개되어 10~20년 뒤 이 분야 전공자가 크게 늘어나면 희소성은 떨어집니다. 직무 자체의 중요성보다 시장에서 얼마나 희소성이 있느냐에 따라 임금과 대우가 결정되는 게 고용시장입니다.

셋째, 시장의 수요가 많을수록 기술개발 경쟁이 치열합니다. 뜨는 직업으로 거론되는 일자리는 중요하고 시장성이 높은 직무라는 의미인데, 이 직무를 대체하는 자동화 기술과 로봇을 개발하면 높은 수익성이 보장됩니다. 다른 영역보다 기술개발 경쟁이 치열해지고 해당 직무를 대체할 기술이 등장하기 쉬워지는 구조입니다. 워드프로세서, 엑셀 등 업무용 오피스프로그램이 무엇보다 완성도 높은 제품으로 다수 개발된 이유도 문서 작성과 회계처리 업무가 모든 사무실에서 필수적인 핵심 업무이기 때문입니다. 이런 이유들로 인해 지금 뜨는 직업이 오히려 미래에 위기의 직업이 될 수 있다는 것이 '유망 직업의 역설'입니다.

사실 전문기관이 예측하는 미래 유망 직업도 발표 시점에 따라 달라집니다. 한국고용정보원이 2013년 발간한 〈미래의 직업연구〉 보고서는 미래사회의 특징으로 고령화, 자동화된 디지털 사회, 아시아의 부상을 꼽고, 미래에 유망한 열 가지 직종을 소개했습니다.[36] 인공장기조직 개발자, 탈부착 골근격증강기(엑소스켈레톤) 연구원, 오감인식기술자, 도시 대시보드 개발자, 사물데이터 인증원, 기억 대리인, 데이터 삭제원, 아바타 개발자, 국제인재 채용 대리인, 문화갈등 해결원 등입니다. 하지만 이 직업 목록은 2013년 시점에서 미래의 사회상을 상상한, 지금은 존재하지 않는 직업이라는 점에서만 의미가 있습니다. 실제로 10~20년 뒤에 이 직업들이 '인기 직종'이 될지는 별개의 문제입니다. 1990년대 말에는 21세기 정보화 시대에 정보검색사와 웹개발자가 인기직업이 될 것이라며 각광받았지만, 정작 편리한 검색 도구와 웹편집 도구가 등장하자 정반대의 상황이 되고 만 것과 비슷합니다.

현재 인기가 높고 유망해 보이는 직업이 미래에 가장 취약한 일자리가 될 수 있다는 것은 미래 직업을 바라보는 일반적 상식과 정반대입니다. 직관적으로는 이해하기가 어렵지요. 하지만 지난날 유망했던 직업들의 오늘날 모습을 보면, 이러한 직업관이 이해됩니다.

지난날 사범학교, 철도고, 세무고, 해사고 같은 각종 특성화 고교 입학은 사실상 취업을 보장했습니다. 이러한 학교들이 설립된 것은 사회적으로 해당 직무가 반드시 필요했기 때문에 그러한 직무 능력을 갖춘 인력을 안정적으로 양성받기 위해서였습니다. 하지만 소프트웨어를 개발하는 프로그래머, 자동화로봇을 개발하는 연구자와 기업으로서는 미래에 탄탄한 수요가 뒷받침되는 직무를 대체하는 제품을 만들어내야 성공을 거둘 수 있기 때문에, 그동안 유망 직업이 담당해온 필수 직무를 자동화하는 방법을 개발하는 데 주력합니다. 과거 우리 사회가 세무고를 설립해 세무·회계 담당 전문인력을 양성했다면, 소프트웨어 업체도 마찬가지 이유로 세무·회계 프로그램 개발을 진행했습니다. 그 결과 한때 촉망받던 직무 영역에서 가장 먼저 뛰어난 도구가 등장해 사람을 대체하게 됩니다. 미래는 항상 인간의 개입과 선택이 반영되어 바뀌기 마련입니다. 이 때문에 미래학자들은 한결같이 "미래는 알 수 없다. 모르기 때문에 미래다"라고 말하는 것입니다.

가장 오래 살지만 일자리는 가장 불안한 세대

현재 우리나라 청소년들이 미래 직업과 관련해 직면하게 될 또 하나의 역설적 상황이 있습니다. 역사상 가장 오랜 세월 일을 해야 하지만, 일자리는 가장 불안한 세대라는 점입니다.

한국의 인구구조는 피라미드 형태에서 역피라미드 형태로 빠르게 바뀌고 있습니다. 총 인구 중 65세 이상 인구 비중이 14% 이상이면

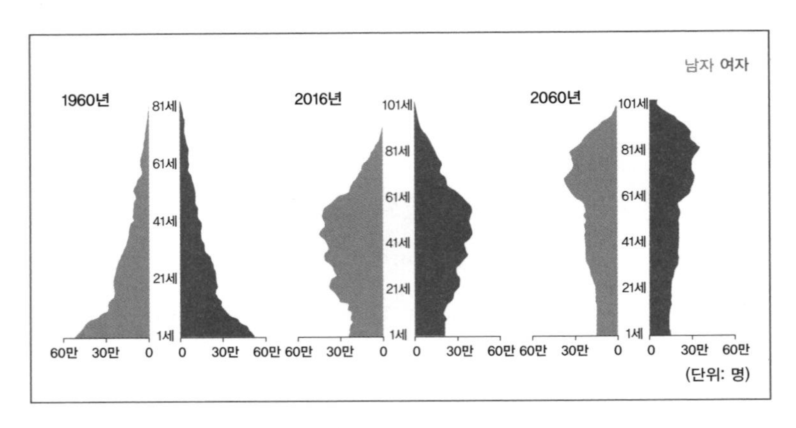

그림6 인구 연령구조의 변화(통계청 자료)

고령사회, 20%를 넘으면 초고령사회로 분류되는데, 한국은 현재 고령사회로, 2026년이면 초고령사회로 진입합니다. 2060년에는 65세 이상 노년층이 전체 인구의 40%를 차지하게 됩니다. 더욱이 예상 기대수명 또한 일본보다 앞선 세계 1위의 장수국가입니다.[37] 앞으로 평균수명이 점점 늘어나 현재의 30, 40대는 100세 인생을 살 것이고, 초중고생들은 110세 가까이 살게 될 것입니다. 인류 역사상 가장 오래 사는 세대가 되는 것입니다.

초고령사회에서 은퇴 연령은 늦어질 수밖에 없습니다. 현재 은퇴 연령인 60세는 인구구조가 피라미드 형태이고 평균수명 80세일 때를 기준으로 정해졌습니다. 많은 노동인구가 은퇴자 1명을 은퇴 연령인 60세부터 80세까지 20년 동안 부양해야 한다는 뜻이지요. 그런데 2026년 초고령사회에서는 더 적은 노동인구가 더 많은 노년층을 부양해야 하므로, 80~90세까지 일하다 은퇴하는 경우가 크게 늘어날 겁니다. 지금의 초중학생들은 고등교육을 마친 20대 중반부터 90세까지 약 65년 가까이 직업활동을 해야 한다는 뜻입니다. 물론 지금처럼 주 5일 하루 8시간 근무제가 아니라, 주 3~4일에 하루 노동시간도 3~4시간으로 줄어들게 될 것입니다.

문제는 점점 빨라지는 기술 발전과 사회 변화로 인해 이 미래 세대는 한 가지 직업만으로는 먹고살기가 어려워질 것이라는 점입니다. 20대의 첫 직장과 직업은 10년 안팎 유지할 수 있을 텐데, 아마 첫 직업이 한 사람의 생애에서 가장 오래 유지하는 직업이 될 것입니다. 기술 발달 속도를 고려하면 두 번째 직업은 첫 번째 직업보다 짧은 기간만 유지할 수 있습니다. 당연히 세 번째, 네 번째, 다섯 번째 직업으로 갈수록 직업 유지기간은 짧아질 수밖에 없습니다. 사회생활을 하는 60여 년 동안 열 번 가까이 직장과 직업을 바꾸는 게 상식이 될 것입니다. 미국의 교육학자 골린코프Roberta Michnick Golinkoff와 허시-파섹Kathy Hirsh-Pasek도 현재 대학 졸업생들은 평생에 걸쳐 열 가지 직업을 갖게 될 텐데, 그 가운데 여덟 개는 아직 만들어지지도 않은 직업일 거라고 전망합니다.[38]

현재의 학생들은 그 어느 세대보다 긴 세월 일해야 하지만, 그 어느 세대보다 직업 안정성은 취약합니다. 역사상 처음 맞이하는 이런 역설적 상황에서 아직 뾰족한 돌파구는 없습니다. 하지만 반드시 피해야 할 생각이 하나 있습니다. 미래의 변화로부터 절대적으로 안전한 직무와 직장을 찾겠다는 생각입니다. 이는 가장 위험하고 잘못된 직업관이 될 수 있습니다.

일자리의 개념이 바뀐다

기술과 사회 변화에 따라 일자리의 개념과 가치, 선택 과정 등이 크게 달라졌습니다. 그런데 우리는 그에 걸맞은 생각과 판단의 틀을 갖고 있지 못합니다. 미래의 기술과 사회 모습은 과거와 다를 것임을 알면서도 우리는 여전히 과거에 통용되던 방식과 잣대로 미래를 바라보고 선택하는 성향이 있습니다. 더욱이 심각한 것은 학생들에게 미래의 직업과 인생에 대해 교육하고 안내하는 학부모와 교사가 스스로의 경험과 인식을 기준으로 미래를 살아갈 아이들을 이끈다는 점입니다.

그동안 우리 사회는 안정적이고 수입이 많고 다른 사람들로부터 인정받는 직업을 선호했습니다. 의사, 변호사, 교수, 교사 같은 전문직과 안정성이 보장되는 공무원이 대표적입니다. 부모들은 이러한 직업의 성공을 보면서 살아왔기 때문에 여전히 자녀들에게도 이러한 직업을 권합니다. 하지만 미래는 과거와 다를 것이 분명합니다. 현재의 유치원생과 초등학생이 부모가 알고 있는 직업 중 한 가지를 꿈꾸고 있다면, 고등교육을 받고 취업전선에 나올 때쯤 그 직업은 이미 기계에 의해 대체되었을 확률이 매우 높습니다. 더욱이 지금 꿈꾸는 직업이 부모가 선망하고 시장의 수요가 많은 직업일수록 자동화에 의해 대체될 가능성은 더욱 높습니다.

> "산업혁명 이후 200년 넘게 기계에 의해 인간 노동이 대체된다는 예측이 있었지만, 그 예측은 '늑대가 오고 있다'고 외친 양치기 소년의 말과 같았다. 하지만 그 이야기의 결론은 결국엔 늑대가 실제로 왔다는 것이다. 지금이 바로 그 시점이다."[39]

《사피엔스》《호모 데우스》의 저자 유발 하라리의 말입니다. 변화로부터 안전한 직업이 있다는 생각, 그리고 그것을 나와 내 아이들이 선택할 수 있으리라는 생각이 더 이상 유효하지 않다는 것을 깨달아야 합니다. 직업의 수명이 단축되고 누구나 여러 차례 직업을 바꿔야 하는 세상에서는 하나의 특정한 직업을 고수하겠다는 태도가 무엇보다 위험합니다. 평생직장, 평생직업이라는 말로 안정적인 하나의 직업을 최고로 여겨온 지금까지의 사회 통념에서 완전히 벗어나야 합니다. 그것이 직업의 미래와 관련해 가장 먼저 해야 할 공부입니다. 무엇보다 어떤 직업을 선택하든 끝없이 새로운 배움을 추구하는 학습태도가 중요합니다.

"그러면 세무고에 다니는 저와 친구들은 어떡해야 하나요?"

세무고 학생들의 질문에 저는 이렇게 대답했습니다.

"결론부터 말하자면, 세무고를 그만둘 필요는 없습니다. 어차피 모든 직업은 불안하다는 점에서 큰 차이가 없습니다. 다른 분야의 직업이라고 해서 절대 안정적이지 않습니다.

그리고 세무직 전체가 하루아침에 사라지는 상황은 오지 않습니다. '동물의 왕국'을 보세요. 영양떼나 얼룩말떼가 사자를 만났을 때, 무리 전체가 사자에게 희생당하지 않습니다. 사자는 무리에서 떨어져 한눈파는 영양이나, 어미 품을 떠나서 길을 잃은 얼룩말을 끈질기게 쫓아가며 사냥합니다. 사자의 접근을 눈치채지 못한 개체 하나가 사자 먹이로 희생되고, 나머지 영양과 얼룩말 무리는 다음 목적지로 무사히 이동합니다. 기계화 시대 사람의 일자리 운명도 '동물의 왕국'과 비슷합니다. 일자리를 놓고 기계와 사람이 사생결단을 벌이는 게 아니라, 인공지능과 로봇을 비롯한 최신 기술을 잘 다룰 줄 아는 사람과, 과거에 얻은 역량만을 갖고 있는 사람 간 경쟁의 형태로 진행됩니다.

하지만 세무직은 기본적으로 불안합니다. 여러분은 선배들처럼 평생 세무와 회계 관련 업무를 하면서 직업을 유지할 수 있다고 생각하면 안 됩니다. '내 직무가 불안하다'는 생각을 늘 갖고, 최신 도구와 기술을 끊임없이 학습해야 합니다. 그렇게 계속 직무와 관련된 능력을 계발하다보면 여러분은 새로운 기능을 요구하는 미래의 세무·회계 관련 분야에서 누구보다 뛰어난 능력을 가진 사람이 될 수 있습니다.

자신의 직업이 미래에 안정적일 것이라는 생각을 갖고 안주하는 학생보다 오히려 불안과 씨름하면서 스스로의 미래를 고민하는 학생의 처지가 더 나을 수 있습니다. 불안함 때문에 지속적으로 자기계발을 하는 사람은 처음 세무직에서 출발하더라도 나중에는 기업의 재무담당 임원CFO이 될 것입니다.

마지막으로 중요한 것, 사람은 함께 일하고 싶은 동료로 덕성을 갖춘 사람을 선택할 것인 만큼, 기계가 지닐 수 없는 인격을 갖추는 게 필요합니다."

의사, 약사, 변호사의 미래는? 전문직의 역설

높은 소득과 안정성이 보장되어온 전문직도 인공지능의 발달에 따라 더 이상 안전한 선택이 될 수 없습니다. 2017년 한국고용정보원이 발간한 〈기술변화 일자리 보고서〉는 앞으로 10년 뒤 대학 전공 가운데 인공지능과 로봇 기술로 인한 일자리 타격이 가장 클 부문이 의약과 교육이라고 합니다.[40] 의사·약사·교사 등 현재 가장 안정적이라고 손꼽히는 직업이 미래에 기술 변화의 충격이 가장 클 것이라는 분석입니다. 특히 2025년 인공지능·로봇 등 '스마트 기술'에 의해 직업이 대체되면서 가장 큰 영향을 받게 될 대학 전공은 의약계열로 나타납니다. IBM의 AI 솔루션 왓슨Watson, 조제로봇과 의약품 안심서비스 등 의약 분야에서 자동화 기술의 영향이 크고, 인공지능 의료서비스들이 보편화되면 의사들의 직업 안정성도 상당히 흔들릴 것입니다.

그런데 이러한 미래 직업 조사보고서가 나온다고 해서 사람들의 직업에 대한 인식이 바뀌는 것은 아닙니다. 사실 웬만해서는 달라지지 않습니다. 왜냐하면 우리가 생각하고 판단하는 틀은 기본적으로 각자의 경험과 주변의 평가에 크게 의존하기 때문입니다. 그 결과 인공지능 시대 전문직의 미래와 관련한 역설적 상황이 생기고 있습니다. 전문직의 미래는 안정적이지 않고 불안하지만, 그 전문직을 향한 경쟁은 전에 없이 치열해지는 상황입니다.

변호사 수는 2016년 2만 명을 넘어섰고 2020년엔 3만 명 시대로 들어섭니다. 경쟁이 치열해 초임 변호사들은 개업해도 수임이 어려워 휴폐업에 내몰리고 있습니다.[41] 그런데 로스쿨 제도로 변호사 숫자가 해마다 크게 늘어나는 것보다 변호사의 미래에 더 큰 영향을 끼치는 것은 인공지능 법무서비스의 등장입니다. 미국 대형 로펌에서는 IBM 왓슨을 활용한 인공지능 법무서비스 '로스ROSS'를 도입해 초당 10억 장의 법률문서를 분석하고 있습니다. 국내 대형 로펌에도 법령·판례 검색 인공지능 서비스가 도입됐습니다.[42] 변호사 수가 늘어나고 인공지능이 업무 상당 부분을 대체하는 상황에서 변호사의 미래는 밝지 않지만 로스쿨 입학 경쟁은 오히려 심해지고 있습니다.[43]

알파고 충격이 채 가시지 않은 때 한 광역단체 약사회에서 '전문직의 미래'를 주제로 강연을 요청해왔습니다. 그런데 강연 요청에 색다른 부탁이 들어 있었습니다.

그림7 자동 조제로봇 아포테카 케모

"알파고 이후 우리 약사회 회원들이 인공지능과 로봇 때문에 크게 불안해 하고 있습니다. 강연 내용에 희망의 메시지를 꼭 포함시켜주세요."

그럴 만한 상황입니다. 미국에는 샌프란시스코대학병원 등 조제로봇이 투입된 종합병원이 많습니다. 국내에서도 삼성서울병원에 자동 조제로봇 '아포테카 케모APOTECA CHEMO'가 2015년부터 투입돼 암 환자의 약을 조제하는데 실수가 전혀 없고 효율성이 높습니다. 신약 개발에도 인공지능이 뛰어들었습니다. 글로벌 제약사인 미국 화이자, 머크 등은 신약 개발에 들이는 기간과 비용을 줄이기 위해 인공지능을 적극 활용하고 있는데 효과가 뛰어납니다.

"약사가 좋은 직업이던 시절은 가버렸다"라고 현직 약사들은 불안해하지만, 오히려 약사 지망생은 과거보다 늘어나고 있습니다. 2019학년도 약학대학입학자격시험PEET에는 지원자 1만 5,949명이 몰려, 전국 35개 약대의 정원 대비 9.4대 1의 경쟁률을 기록했습니다.[44] 생물·화학 등 자연계 학생뿐 아니라 공대생까지도 약대 입학에 뛰어들어 경쟁은 갈수록 치열해지는 추세입니다.

"현직 약사들은 불안해하는데 대학생들이 약대로 몰려드는 이유는 뭘까요?"

강연에서 청중에게 물었더니, 다음과 같은 답변이 나왔습니다.

"거대한 물결이 밀려와도 자신은 예외일 수 있을 거라는 생각을 하지 않을까요?"
"어차피 어느 분야나 미래가 불안하긴 마찬가지인데 그래도 자격증이 있으면 안심되지 않을까요?"

교사 대상 연수 자리에서도 같은 질문을 했는데, 어느 선생님이 이렇게 답했습니다.

"그거요. 대부분 엄마가 하라고 해서 하는 겁니다."

'그럴 수 있겠구나!' 저는 그 선생님 답변이 약사의 미래를 놓고 벌어지는 역설적 현상에 대한 가장 설득력 있는 답변이라고 생각합니다. 누구나 자신의 경험과 지식으로부터 자유로울 수 없습니다. 각자가 보고 경험한 것을 기반으로 판단합니다. 엄마는 살아오면서 만난 주변 약사들의 성공과 안정성을 기반으로 해서 약사라는 전문직의 미래를 판단한 것이고, 자녀는 자연스럽게 엄마의 기대와 희망을 받아들이거나 영향을 받게 되니까요.

우리는 불안하기 때문에 '자격증' 같은 구체적인 증거에 의존하려 합니다. 하지만 미래학자들은 특정한 자격증이나 지식으로 미래를 준비하려는 태도는 어리석은 시도라고 말합니다. 미래는 알 수 없기 때문에 미래인데, 특정한 자격증이 유망할 것이라고 현재 기준으로 대비하려는 시도는 무용한 결과로 이어지게 마련입니다. 자격증과 울타리로 보호받아온 직업 대부분이 과거와 다른 미래를 만날 것은 분명합니다.

전문직의 미래는 정말 어두울까?

그렇다면 이처럼 여러 겹의 역설적 상황에 처한 전문직은 과연 미래가 암울할까요? 어두우면서도, 밝습니다. 전문직이 그동안 자격증, 허가권 등으로 보호받아온 특권과 진입장벽은 대부분 사라지게 된다는 점에서 어둡습니다. 전문직이 수행해온 지식과 업무 절차가 공개되고 직무가 분해·세분화되어 전문가 업무의 실체가 드러나게 됩니다. 이는 전문가에 의해서만 수행되던 업무와 공정이 표준화와 자동 프로세스로 바뀌는 것을 의미합니다. 그로 인해 접근하기 어려웠던 전문직 영역의 많은 부분이 기계화 처리가 가능해집니다. 전문가를 거쳐야 했던 세무신고, 법인·부동산 등기, 소송 절차를 일반인 스스로 처리할 수 있게 된 것이 그 실례입니다. 인터넷에 온갖 정보가 공개되고 인공지능 서비스가 늘어나면서 전문가의 역할은 축소됩니다. 판례 분석이나 의료영상 판독처럼 전문가보다 기계가 더 뛰어난 영역도 늘어나는 추세입니다.

하지만 전문가의 업무 일부를 기계가 대체할 뿐 전문가 자체를 대체하는 것은 아닙니다. 기계가 대체할 직무는 반복적이거나 사람 판단이 필요하지 않은 업무, 공감과 소통 능력이 필요하지 않은 업무입니다. 이런 영역은 기계가 사람보다 더 잘 수행하겠지만, 이는 전문가 업무의 일부일 뿐입니다. 이미 인터넷에 세상 모든 정보가 공개되어 있지만, 이 정보를 판단하고 해석해 유용한 지식과 지혜로 만들어내는 것은 전문가 고유의 일입니다. 아무리 컴퓨터가 많은 정보를 분석해 유용한 추천을 제시한다 해도, 그것을 신뢰해도 좋을지, 그러한 추천이 어떤 과정을 거쳤고 어떤 결과를 초래할지를 설명하고 판단하는 것은 여전히 전문가의 역할입니다. 다만 미래의 전문가는 자격증을 가진 사람에게만 주어지는 호칭이 아니라, 이러한 기능을 탁월하게 수행하는 사람 누구에게나 주어지는 호칭이 될 것입니다.

전문가의 업무와 성취를 평가할 수 있는 사람은 외부 사람이 아닌 내부자입니다. 해당 사안을 전문가만큼 잘 아는 집단은 없다고 보아 판단을 외부에 맡기지 않습니다. 변호사협회, 의사협회 등의 입회 거부는 곧 자격 상실을 의미합니다. 그래서 독립성과 자율성, 직업윤리는 전문가의 핵심 특성입니다. 전문가가 다루는 문제는 그 자신이 개발해온 해결책과 정의에 따라서 결정됩니다.[45] 외부의 규제와 요구로 움직이는 게 아니라 스스로 문제를 정의하고 탐구하고 해결책을 찾아가는 것이 전문가 업무의 특징입니다.

전문가의 이러한 독립적이고 자율적인 문제설정 능력과 탐구 능력은 미래 인공지능 사회에서 기계에 대체되지 않으려는 모든 사람에게 필요한 능력입니다. 미래에는 어떠한 직업을 택하든지 누구나 전문직의 이러한 진정한 특징을 학습해야 합니다. 대부분의 직무가 로봇과 자동화의 위협에 노출되는 미래에는 기계가 할 수 없는 영역을 발견할 수 있고 그에 관한 전문성을 갖춘 전문가의 가치와 역할이 더욱 소중해집니다. 전문가를 보호해온 울타리는 약화되거나 사라지지만, 전문가가 업무를 통해 전문성을 축적하고 능숙하게 활용해온 방식은 인공지능 시대에 더욱 요긴해집니다.

자격증과 울타리에 안주하는 전문가의 지위는 위태로워집니다. 하지만 끊임없이 자신의 직무를 연구하고 개선하는 게 특징인 전문직의 본질에 집중한다면 전문직의 미래는 더 밝습니다.

“진로는 이미 결정했어요”

2017년 경남 김해의 인문학캠프에서 전국에서 모인 고교 독서동아리 회원들과 미래 직업과 관련한 이야기를 나누며 이런 질문을 던졌습니다.

“어떤 진로와 직업을 선택할지 결정한 사람들 손 들어보세요.”

70% 가까운 학생들이 자신 있게 손을 들었습니다. 놀라웠습니다. 책읽기와 토론을 좋아하는 학생들이라 해도, 이토록 많은 학생이 진로를 정하고 구체적인 준비를 하고 있다는 사실이 잘 믿기지 않았습니다. 저는 학생들에게 이런 이야기를 들려주었습니다.

“많은 학생이 일찌감치 진로를 정했다는 것이 놀랍고 대견합니다. 그런데 미래에 내가 어떤 직업과 진로를 가질지 너무 일찍 결정하기보다 열어두고 계속해서 고민하는 것도 좋습니다. 미래는 우리가 지금 생각한 대로 온다는 보장이 없으니까요. 간절하게 하고 싶은 것이 있는 친구는 그것을 위해 준비하는 것도 좋습니다. 하지만 그런 꿈이 없으면 진로와 직업을 구체적으로 고민하지 않아도 괜찮습니다. '나는 무엇을 좋아하는가' '사회는 무엇을 필요로 하는가'와 같은 질문을 던져보고, 자신과 사회에 대한 고민과 탐색을 하는 것도 청소년기에 필요한 방황입니다."

밤중에 지도교사 한 분이 찾아왔습니다. 제 강의를 들은 학생들이 "선생님이 학교에서 가르친 것과 저 선생님이 강의한 내용이 다른데 어떻게 해야 하느냐"고 물어와 난감했다는 얘기였습니다. 학교에서 진로교육을 강화하면서 학생들이 진로를 조기에 선택하도록 지도해 왔는데 "미래를 알 수 없으니 특정한 직업과 진로를 구체적으로 준비할 필요 없다"는 제 강의를 듣고 혼란에 빠졌다는 것이었습니다.

선생님은 학생들에게 너무 눈앞의 목표만을 강조해 미래를 멀리 보고 준비하는 힘을 길러주지 못한 것을 돌아보게 됐다고 솔직하게 털어놓았습니다. 학교 진로교육이 안고 있는 근본적인 문제입니다. 미래의 모습은 알 수 없는데 학교에서는 구체적인 직업을 꿈꾸게 하고 직무교육을 하고 있으니까요.

어떤 교육을 받아야 하는가

그렇다면 미래에는 어떤 교육을 받아야 할까요? 예일대 영문학 교수

윌리엄 데레저위츠William Deresiewicz는 《공부의 배신*Excellent Sheep*》에서 "기업은 하드 스킬보다 의사소통 능력, 협상력, 협동심, 창의력을 의미하는 소프트 스킬을 갖춘 인재를 찾고 있다. 하드 스킬은 배울 수 있지만 소프트 스킬은 개발이 필요하기 때문이다"라고 말합니다.

하드 스킬이란 구체적으로 측정이 가능한 역량을 말합니다. 독해력, 타이핑·프로그래밍 능력, 수학 실력, 기계조종 능력처럼 시험을 통해 쉽게 판별할 수 있고 시간 흐름에 따른 능력 변화를 추적할 수 있는 것이 특징입니다.[46] 평가와 측정이 쉬운 점, 시험점수와 자격증으로 연결돼 취업과 승진에 요긴하다는 점 등으로 인해 그동안 교육은 하드 스킬을 중점적으로 가르치고 훈련시키는 것을 주된 목적으로 삼아왔습니다.

소프트 스킬은 어떤 기능과 역량을 의미하는지 정의하는 것부터 까다롭습니다. 간단히 말하자면 하드 스킬을 뺀 나머지 인간 역량을 말합니다. 적응력, 자율성, 창의성, 공감 능력, 회복탄력성, 책임감, 협업 능력, 사회성, 설득력, 자기 동기부여, 의사소통 능력 등입니다. 이는 구체적으로 측정하기가 불가능해 학생을 대상으로 평가하기 어려울 뿐 아니라 역량 보유 여부 자체를 알기 어렵습니다. 정의하기도 힘들고 보이지도 않으니 소프트 스킬을 교육한다는 것은 실로 어려운 일이지요. 그런데 인공지능으로 인해 하드 스킬이 필요한 많은 영역을 컴퓨터가 대신하게 되었으니, 자연히 하드 스킬보다 소프트 스킬에 대한 요구가 높아지고 있습니다.

미국의 교육전문가 찰스 파델Charles Fadel, 버니 트릴링Bernie Trilling 등은 '21세기에 학생들은 무엇을 배워야 하는가' 하는 질문을 품고 '교육과정 재설계센터Center for Curriculum Redesign(CCR)'를 설립했습니다. 이들은 2009년 저서 《21세기 핵심역량*21st Century Skills: Learning for Life in Our Times*》에서 미래사회의 핵심역량 네 가지를 4C로 요약했습니다. 바로 창의력creativity, 소통 능력communication, 비판적 사고critical thinking, 협업 능력collaboration이라는 소프트 스킬입니다.

그동안 학교 교육의 중심이었던 지식knowledge과 기능skill은 미래 역량에 포함되지 않았습니다. 우리나라의 입시 위주 교육은 오랫동안 학력고사와 수능시험처럼 정답 맞히는 능력으로 학생들을 줄세워왔지만, 앞으로는 달라질 수밖에 없습니다. 미래를 대비한 교육은 복잡성과 예측불가능성을 두려워하지 않고 수용하려는 태도와 능력을 키우는 방식으로 진행되어야 합니다. 미래에는 다른 능력이 필요합니다. 우리가 앞으로 살펴볼 영역은 이러한 소프트 스킬의 영역입니다.

2부

미래의 능력

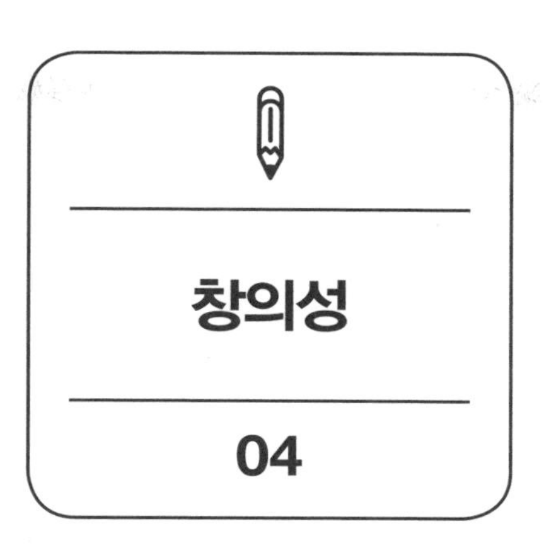

창의성에 대한 수요

2015년 삼성그룹은 스펙 중심 채용을 벗어난 '열린 채용'을 내걸고 새로운 테스트를 도입했습니다. 지원서류에서 사진, 주민번호, 가족 관계 등 개인정보 기입란을 삭제하고, 학점제한(4.5점 만점에 3.0 이상)도 폐지했습니다. 기존의 '삼성직무적성검사SSAT→실무면접→임원면접' 순으로 진행하던 3단계 채용절차를 '직무적합성평가→삼성직무적성검사GSAT→실무면접→창의성 면접→임원면접'의 5단계로 확대했습니다. 눈길을 끄는 것이 바로 '창의성 면접'입니다. 과거에는 학점, 어학 능력 등 스펙이 채용에 결정적으로 작용했지만, 이제 창의성이 중요한 역량이 되었습니다.

삼성만이 아닙니다. 국내외 거의 모든 글로벌 기업들이 창의성을 갖춘 인재를 뽑기 위해 노력합니다. 미국의 IBM이 2010년 전 세계 60개국의 최고경영자 1만 5,000명을 상대로 조사한 결과, 미래 리더십 역량에서 창의성이 가장 중요하다는 답변이 나왔습니다.[1)] OECD는 창의성을 미래 핵심역량 중 하나로 규정하기도 했지요. 창의성이 중요하다는 인식은 이제 우리 사회에서 상식이 되었습니다. 그렇다면 기업과 사회가 점점 더 개인에게 창의성을 요구하는 이유는 무엇일까요?

첫째, 컴퓨터와 인공지능의 발달로 창의적인 일만 사람의 일로 남게 되었기 때문입니다. 창의성이 필요 없는 반복적인 업무들은 속속 자동화 기술과 로봇에 대체되고 있습니다. 용접, 조립, 지게차 운전을 비롯해 비서, 회계, 은행 업무 등 정해진 매뉴얼과 규칙에 따라 처리할 수 있는 정형적routine 업무들이 대표적입니다. 매뉴얼이 있는 업무들은 그것이 주로 두뇌를 사용하는 인지적 직무cognitive work이든 몸을 쓰는 육체적 노동manual work이든 상관없이 자동화기계에 의해 대체될 운명입니다.

반면 매뉴얼과 규칙이 없는 비정형화된 업무는 여전히 사람의 손길을 필요로 합니다. 매번 다른 방식으로 처리해야 하는 배관, 간호, 간병, 홍보, 재무분석, 컴퓨터 프로그래밍 등을 예로 들 수 있습니다.

통계를 보아도 2000년대 이후 미국 노동시장에서 정형적 직무는 계속 줄어들고 비정형적인 일자리만 점점 더 늘어나고 있습니다.[2] 결국 미래에는 규정된 직무를 매뉴얼대로 틀림없이 해내는 능력보다 복잡한 문제를 창의적으로 해결하는 능력이 무엇보다 중요해집니다.

둘째, 갈수록 복잡해지고 예측이 불가능해지는 불확실성의 시대를 헤쳐나가려면 무엇보다 창의성이 필수입니다. 우리는 인터넷으로 세상 모든 정보에 접근할 수 있고, 소셜미디어를 통해 직접 만나보지 않은 수많은 사람들과 대화할 수 있는 세상을 살고 있습니다. 또 미래에는 세상에 존재하는 모든 사물들이 인터넷을 기반으로 연결되는 '사물인터넷' 세상이 펼쳐집니다. 모든 것이 연결되는 초연결사회에서 복잡도는 더욱 증가합니다. 예측불가능한 다양한 문제들이 발생하는데, 이런 문제들은 기계가 해결해줄 수 없습니다. 앞으로 창의성은 예술가, 학자, 연구개발 전문가 등 특정한 전문직뿐만이 아니라, 일을 하는 모든 사람들에게 필수적인 능력이 될 것입니다.

셋째, 창의성이 더욱 요구되는 미래사회에서, 역설적이게도 창의성을 가진 사람들은 점점 희소해져가기 때문입니다. 미국의 시사주간지 〈뉴스위크*Newsweek*〉는 2010년 7월 "창의성의 위기"라는 특집 기사를 실어 디지털환경에서 창의성이 점점 떨어지고 있다는 연구결과를 소개했습니다.[3] 김경희 윌리엄메리대학 교수가 미국 성인과 아동 30만 명의 방대한 데이터를 분석한 결과, 1990년 이후 특히 유치원부터 초등학교 6학년까지의 연령대에서 창의성의 하락이 두드러지게 나타났습니다. 아이들이 부모의 계획대로 살고 시험점수와 성적에 집착하고 디지털 미디어를 과도하게 사용할수록 창의성이 떨어지는 것으로 조사되었습니다. 니컬러스 카Nicholas G. Carr는 《생각하지 않는 사람들*The Shallows*》에서 우리가 인터넷에 더 많이 의존하게 되면서 생각하는 법과 창의성을 잃어버리는 현상을 다양한 사례와 자료로 제시한 바 있습니다.

디지털 기기 사용 몰입도가 높은 우리나라도 마찬가지입니다. 스마트폰과 인터넷은 편리함을 안겨준 대신 생각하는 과정을 단축하거나 없앴습니다. 기억하고 판단하고 생각하는 기능을 디지털 도구에 의존하면, 당장은 편리할지언정 인간 고유의 사고 기능이 위축될 우려가 있습니다. 똑똑한 도구가 오히려 깊은 생각을 하지 않는 생활방식을 퍼뜨리고 있습니다.

창의성에 대한 오해

그렇다면 창의성이란 과연 무엇일까요? 사전에 따르면 창의성은 '새롭고 독창적이고 유용한 것을 만들어내는 능력' 또는 '전통적인 사고방식을 벗어나서 새로운 관계를 창출하거나, 비일상적인 아이디어를 산출하는 능력'이라고 풀이돼 있습니다. 뭔가 나와는 상관없는 어렵고 거창한 것처럼 들리지요.

창의성은 가장 많이 오해되고 있는 개념 중 하나입니다. 가장 큰 오해는 창의성이 특별한 사람만 지닌 능력이며, 예술이나 발명처럼 특별한 활동과 관련되어 있다는 생각입니다. 고흐Vincent van Gogh나 모차르트Wolfgang Amadeus Mozart 등 걸작을 남긴 예술가들, 뉴턴Isaac Newton, 아인슈타인Albert Einstein, 파스퇴르Louis Pasteur, 라이트 형제Orville Wright, Wilbur Wright처럼 위대한 발견과 발명을 남긴 천재들, 애플의 스티브 잡스와 마이크로소프트의 빌 게이츠Bill Gates와 같이 전에 없던 제품을 만들어낸 혁신가들만을 창의적이라고 생각합니다. 심지어 사회로부터 고립된 외톨이 천재나 연구에만 빠져 있는 반쯤 미친 사람들만이 창의적이라고 생각하는 경우도 많습니다. 과연 천재들의 전유물로 여겨지는 창의성은 타고나는 것일까요?

20세기 초 프랑스 심리학자 알프레드 비네Alfred Binet가 최초로 지능검사를 도입한 이후, 아이큐는 개인의 지적 능력과 학습 능력을 알려주는 척도로 여겨져왔습니다. 아이큐는 흔히 뛰어난 두뇌는 타고난다는 통념을 뒷받침하는 근거로 쓰입니다. 아인슈타인의 아이큐가 160, 바둑기사 이세돌 9단의 아이큐가 155라는 사실이 화제가 되기도 했지요. 아이큐는 과연 한 사람의 지적 능력과 잠재력을 알려주는 믿을 만한 잣대일까요?

아이큐 검사는 전 국민을 상대로 표준화된 교육을 실시하는 보통교육의 필요에 의해 생겨났습니다. 모든 사람에게 동일한 교육을 시키려면 몇 살짜리에게 무엇을 가르쳐야 이해할 수 있는지 기준이 필요합니다. 비네는 공립학교에 잘 적응하지 못하는 아이들을 가려내 그들을 위한 교육 프로그램을 만들고자 지능검사를 개발했습니다. 그는 지능에는 개인차가 있지만, 교육과 훈련으로 지능을 향상시킬 수 있다고 믿었지요.

실제로 통념과 달리 지능지수는 고정불변의 것이 아닙니다. 미국, 벨기에, 네덜란드, 이스라엘 등 많은 나라를 대상으로 조사한 결과 평균 아이큐가 30년 동안 20점이 향상되었습니다. 뉴질랜드 정치학자 제임스 플린James Flynn이 이런 추세를 밝혀내 '플린 효과flynn effect'로 불립니다. 지능지수가 환경과 경험의 영향으로 달라진다는 증거이지요.

사람은 누구나 창의성을 가지고 태어나 각자 고유한 경험과 생각을 만들어가는 존재입니다. 예술가나 발명가, 천재가 아니라도 우리는 모두 일상생활에서 창의성을 경험하고 발휘합니다. 아이들이 놀이를 하고 말을 배워 새로운 문장을 구사하는 것도 모두 창의성을 발휘하는 과정입니다. 성인들이 일상생활에서 생각하고 대화할 때 역시 많은 부분에서 창의성이 구현됩니다. 미국 노동시장 연구에 따르면 일자리의 30%가량은 창의성이 필수적인 업무입니다. 복잡하고 높은 수준의 문제해결 능력을 끊임없이 발휘해야 하기 때문이지요.

우리는 보통 창의성이 천재나 괴짜로 태어난 사람들이 날 때부터 지닌 독특한 능력이라고 생각합니다. 창의성은 타고나는 것이어서 교육을 통해 가르칠 수 없다고 믿지요. 하지만 창의성은 다른 인간 능력처럼 교육과 학습을 통해 계발할 수 있는 역량입니다. 얼마나 창의적인 사람이 되느냐는 성장과정에서 각자가 처한 환경과 교육, 그리고 의도적인 훈련에 달려 있습니다.

■ **천재와 1만 시간의 법칙**

어느 분야에서든 거장이 되려면 타고난 재능이 아니라 평균 1만 시간의 연습이 필요하다는 점에서 '1만 시간의 법칙'이라는 표현을 씁니다. 1만 시간은 하루 3시간씩 일주일에 20시간을 10년 동안 지치지 않고 투입해야 도달할 수 있는 시간입니다.

'1만 시간의 법칙'은 맬컴 글래드웰Malcolm Gladwell의 베스트셀러 《아웃라이어*Outliers*》를 통해 널리 알려졌지만, 이 이론의 창시자는 스웨덴 심리학자 안데르스 에릭슨Anders Ericsson입니다. 에릭슨은 오랜 연구를 바탕으로 "한 사람이 타고난 재능을 식별할 수 있는 방법은 없다"고 주장합니다.[4] 단지 다른 아이들보다 그림 그리기나 악기 연주 등에서 더욱 즐거움을 느끼는 유전자를 지닌 아이들이 태어날 수 있을 따름입니다. 이런 아이들은 적절한 환경을 만날 경우 평균적인 아이들보다 더 오래 연습하고 즐거움을 경험할 가능성이 있습니다. 잠재된 소양도 적절한 환경과 연습을 통해서 계발될 때만 탁월한 성취로 이어질 수 있다는 의미입니다.

창의성은 '연결'이다

창의성은 독창적인 무엇을 만들어내거나 발견하는 것을 의미하지만, 신의 창조처럼 무에서 유를 만드는 것이 아닙니다. 창의성은 아무런 준비와 사전 지식이 없는 상태에서 번개처럼 찾아오는 순간적 깨달음이나 영감이 절대 아닙니다.

> "창의성이란 단지 점들을 연결하는 능력이다. 창의적인 사람들한테 어떻게 그걸 만들어냈느냐고 물어보면, 그들은 약간 죄책감을 느낀다. 왜냐하면 그들은 뭔가를 한 게 아니라, 뭔가를 보았기 때문이다. 그들한텐 명명백백한 것이다. 그들은 경험들을 연결해서 새로운 걸 합성해낸다."[5)]

스티브 잡스의 이 말은 창의성의 본질을 잘 설명합니다. 애플의 매킨토시컴퓨터와 아이폰, 아이패드는 창의성을 상징하는 혁신적 제품지만 전혀 새로운 발명품이 아닙니다. 이미 시장에 나와 있는 제품의 기능들을 통합하거나 다듬어서 소비자들이 느끼기에 완전히 새로운 기기로 탈바꿈시킨 것입니다.

스티브 잡스는 2007년 아이폰을 처음 선보이는 자리에서 전화기, MP3플레이어, 인터넷 연결기기를 한데 묶은 '신개념 기기'라고 설명했습니다. 즉 아이폰은 기존 제품에 있는 기능들을 새로운 방법으로 연결해 엄청난 성공을 거둔 것입니다. 매킨토시컴퓨터의 혁신적인 그래픽 사용자 환경Graphic User Interface 또한 스티브 잡스가 1970년대 제록스의 팰로앨토 연구소를 방문했을 때 제록스의 개인용 컴퓨터 '알토Alto'를 보고 영감을 받아 비슷한 아이디어를 구현한 것입니다. 맬컴 글래드웰은 "잡스는 기존 제품을 철두철미하게 개량해 새 제품으로 만들어내는 데 천재적"이라며 "잡스는 발명이 아니라 편집할 줄 아는 감각적 능력이 뛰어나다"고 평가했습니다.[6]

창의성이 발현되는 문학적 표현도 알고 보면 점을 잇는 일입니다. 대표적으로 시는 은유를 통해 의미를 만들어냅니다. "봄은 고양이로다"(이장희, 〈봄은 고양이로소이다〉), "자세히 보아야 예쁘다. 오래 보아야 사랑스럽다. 너도 그렇다"(나태주, 〈풀꽃〉)라는 시구처럼, 관계없어 보이는 이질적 두 점(봄과 고양이, 풀꽃과 너)을 이어 새로운 의미를 창조해내고 있지요. 대상을 세밀하게 관찰하고 깊이 사유한 다음, 이질적인 대상들 사이에서 유사성을 발견해 연결한 행위입니다.

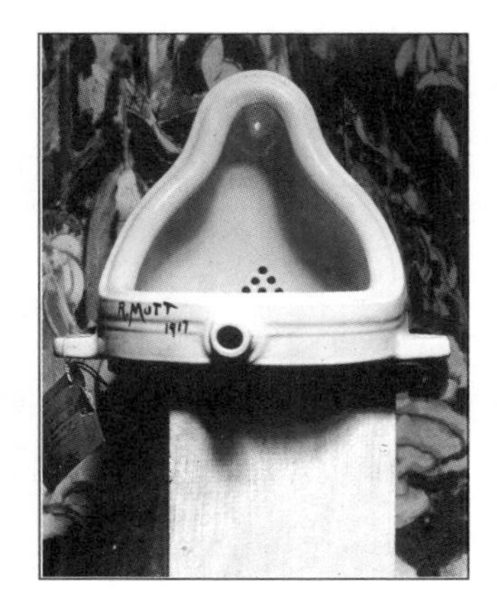

그림8 마르셀 뒤샹의 〈샘〉

현대 예술은 더 이상 사진처럼 정교하고 아름답기만 한 그림을 최고의 작품으로 간주하지 않습니다. 현대 예술은 새롭고 파격적인 실험을 통해 예술의 지평을 넓혀가고 있습니다. 이는 우리가 익히 알고 있는 사물을 새롭게 해석하는 방법을 의미합니다. 소변기를 '샘'이라고 이름 붙여 전시회에 출품해 현대 예술과 창작의 새로운 지평을 개척한 프랑스의 예술가 마르셀 뒤샹Marcel Duchamp이 대표적입니다. 뒤샹은 변기를 보면서 누구도 연결하지 못했던 점들을 연결해, 사물을 바라보는 새로운 관점을 만들어냈습니다. 프랑스 작가 마르셀 프루스트Marcel Proust는 "참된 발견은 새로운 땅을 찾아내는 것이 아니고 새로운 눈으로 바라보는 것이다"라고 말했습니다.

창의적 연결을 만들어내는 법

그러면 어떻게 창의적인 연결을 만들어낼 수 있을까요? 연결을 하려면 당연히 연결할 점들이 있어야 합니다. 생전 처음 보거나 생각해 본 적이 없는 것들을 연결할 수는 없으니까요. 연결을 위한 이 점들은 인터넷에서 검색한 우연한 정보나 도서관 서가에 무작위로 펼쳐져 있는 데이터가 아닙니다. 난생처음 본 두 점을 무작위로 연결했을 때 우연히 나타나는 '엉뚱한' 결과를 창의성이라고 하지는 않으니까요. 내가 스스로 이해하거나 소화하지 못한 지식과 정보는 연결을 위한 점들이 되지 못합니다. 내가 이해한 후 두뇌 속에 저장되어 있어, 다른 활동을 하면서 무의식 중에도 툭 튀어나올 수 있는 지식과 경험만이 연결의 점이 될 수 있습니다.

사람의 인지구조는 작업기억(단기기억)과 장기기억의 구조로 작동합니다. 작업기억은 특정 작업을 위해 주의를 기울이는 몇 초 동안 뇌에 단기적으로 저장되는 기억을 말합니다. 쇼핑한 뒤 계산서를 보거나 무언가를 적을 때, 텔레비전을 보거나 대화할 때 일시적으로 뇌에 해당 정보가 저장되고 활용되는 것이죠. 보통 사람은 무작위의 숫자나 단어를 7개까지 일시적으로 기억할 수 있는데, 반복학습과 의식적 노력을 기울이면 단기기억의 일부를 장기기억으로 변환해 저장할 수 있습니다.

장기기억은 단어의 의미나 책의 내용, 수학공식 등 우리가 경험과 학습을 통해 뇌에 저장한 기억을 말합니다. 장기기억은 작업기억과 달리 바로 사라지지 않고, 노력 여하에 따라 많은 양을 제한 없이 저장할 수 있습니다. 바로 이 장기기억이 연결점의 출발입니다.

일본 메이지대학의 교육학자 사이토 다카시齋藤孝는 "지적 호기심을 발동시키는 작업만 의욕적인 게 아니라, 체계적인 지식을 꾸준히 훈련하고 습득하는 사람이 지니는 '인내하는 학력' 또한 합당한 평가를 받아야 한다"고 말합니다.[7] 한글맞춤법, 미적분, 생물 분류체계, 고전 문헌을 배우는 일이 흥미로운 학생은 거의 없습니다. 하지만 기본적인 지식과 '인내하는 학습 습관'을 갖춘 뒤에라야 비로소 창의성을 발휘할 수 있습니다. 필수적인 기초 지식과 창의성은 서로 배타적인 관계가 아닙니다. 서로 의존하며 계단식으로 차근차근 상승하는 구조입니다.

오랜 모색과 훈련을 통해 해당 분야의 지식과 기술을 익힌 후 기존의 익숙한 것을 새롭게 바라보고 연결하는 능력이 바로 창의성입니다. 물론 이질적이고 다양한 점이 많을수록 새로운 연결이 일어날 가능성은 높아지겠지요. 그래서 뛰어난 창의성을 발휘한 사람들은 운이 좋은 사람이 아니라 대개 특정 분야에서 전문성을 갖추고 많은 시도를 해본 사람들입니다. 오랜 학습과 경험을 통해 수많은 점들을 만들어놓고 수시로 그 점들을 연결해본 사람들입니다. 평소 머릿속에서 따로따로 존재하던, 자신이 잘 아는 익숙한 경험의 점들이 연결되는 순간 창의성이 꽃을 피웁니다.

사람들은 아이작 뉴턴이 케임브리지대학 사과나무에서 사과가 떨어지는 모습을 보았을 때나, 아르키메데스Archimedes가 욕조에 들어가자 물이 넘치는 것을 보고 "유레카"를 외친 때를 창의성이 발현된 대표적인 순간으로 말합니다. 사실 뉴턴과 아르키메데스는 벤치에 앉아서도, 목욕을 하면서도 어떻게 자신의 문제를 풀 수 있을까를 골똘히 생각했던 것입니다. 물론 그들의 뇌에는 천체와 물리에 관한 지식, 무게와 부피에 관한 지식들이 이미 견고하게 자리 잡고 있었지요.

스티브 잡스는 2005년 6월 스탠퍼드대 졸업식 연설에서 '점을 연결하는 행위connecting dots'의 중요성을 강조합니다.

"내가 대학을 자퇴하지 않았더라면 서체 수업을 기웃거리진 않았을 테고, 결국 개인용 컴퓨터는 지금처럼 멋진 서체를 갖진 못했을 것입니다. 물론 대학시절에는 앞을 내다보며 점을 연결한다는 것이 가능한 일이 아니었지요. 그러나 10년 뒤 과거를 돌아보면 아주 분명합니다. 미래를 내다보며 점을 연결할 수는 없습니다. 뒤를 돌아보며 연결할 수밖에 없어요. 그러니 점이 어떻게든 미래에 연결되리라고 믿어야 합니다. 무언가를 믿어야 합니다. 이를테면 여러분의 배짱, 운명, 인생, 인연 같은 것들이요. 이 접근은 한 번도 나를 실망시킨 적이 없고, 내 인생을 완전히 바꾸어놓았습니다."

《에디톨로지》의 작가 김정운은 "완전히 새로운 것은 없다"면서 "창의성은 곧 편집이다"라고 정의합니다. 창의성의 본질은 점을 잇는 일입니다. 수많은 점을 만나고 머릿속에 담아두어야 비로소 그 점들을 연결할 수 있습니다. 점을 만나고 머릿속에 담아두는 일은 바로 학습과 토론, 경험의 형태로 진행됩니다. 그러니 누구나 창의성을 꽃피울 수 있습니다.

창의성은 '호기심'이다

학창시절 학습 부진아였지만 위대한 과학적 업적을 쌓은 아인슈타인은 천재성의 비밀을 묻는 질문에 대해 "나는 특별한 재능이 없다. 단지 열정적으로 호기심이 많을 뿐이다"라고 답했습니다. "만약 목숨이 걸린 문제를 해결할 시간이 1시간만 주어진다면 나는 문제가 무엇인지 정의하는 데 55분을 쓰고 나머지 5분을 해결책을 찾는 데 사용할 것이다"라고도 말했습니다. 문제를 풀기 위해서는 먼저 호기심을 갖고, 이 문제의 본질이 무엇인지 질문하는 것이 핵심이라고 보았습니다.

창의성의 출발점은 호기심입니다. 인문학자 고미숙은 《공부의 달인, 호모쿵푸스》에서 "질문의 크기가 내 삶의 크기를 결정한다"고 말합니다. 누가 어떤 호기심을 품고 어떤 질문을 던지는가에 따라, 내가 닿을 수 있는 지식의 수준과 범위, 나아가 삶을 대하는 폭과 깊이가 달라집니다. 호기심을 갖고 세상을 대하는 사람에게 급속히 변화하는 미래사회는 불안 요소보다 탐구할 거리가 가득한 흥미로운 세상입니다.

그런데 한국의 교육 현실은 청소년들이 주체적 탐구자가 되어 호기심 가득한 질문을 던지는 것이 거의 허용되지 않습니다. "대학교 입학할 때까지만 참고 견뎌라. 이해되지 않아도 무조건 외워라." 과도한 학습량과 치열한 입시경쟁으로 인해, 상급학교 진학에 당장 도움이 되지 않는 호기심과 질문은 비효율적인 것으로 여겨집니다. 질문을 퍼붓던 아이가 어느 날부터 말문을 닫게 만드는 반교육적 현실입니다. 영국 워릭대학의 교육학자 켄 로빈슨Ken Robinson은 호기심 가득한 아이들이 정작 학교에 들어가서는 실수를 저지르는 데 대한 두려움을 배우는 현실이 문제라고 지적합니다. "마음 놓고 실수할 수 있는 준비가 되어 있지 않으면 독창적인 무엇인가를 만들어내기란

영영 불가능해 보인다"고 강조합니다.[8)]

정부의 노벨과학상 지원프로젝트로 설립된 기초과학연구원의 초대원장을 지낸 오세정 서울대 총장은 이렇게 말합니다.

> "우리나라 정부가 지원하는 연구과제의 성공률이 98%에 달한다는 건 역으로 부끄러운 이야기다. 성공할 만한 연구만 골라서 한다는 것이다. 정부 돈 받고 연구에 실패하면 연구비를 물어내든지 다음 프로젝트 참여 기회를 제한받는다. 다들 실패를 꺼리고 고만고만한 연구에 눈을 돌리게 된다."[9)]

2014년 노벨물리학상은 블루LED를 발명한 일본인 과학자 3명에게 주어졌는데, 이 연구는 무려 27년이 걸렸습니다. 연구과제 성공률 98%대의 풍토에서는 블루LED 연구 성과를 부러워할 뿐, 그 배경에 30년 가까이 실패를 거듭하며 한 가지 주제를 파고드는 연구를 용인하고 지원하는 문화가 있다는 것을 주목하지 않습니다. 눈앞의 효율성보다 다양한 시도와 실패를 받아들이고 지원해줄 수 있는 가정과 학교, 사회적 안전판이 갖춰져야 합니다.

창의성은 한두 번의 반짝이는 아이디어나 번개 같은 영감을 통해 구현할 수 있는 것이 아닙니다. 청소년들이 호기심을 갖고 도전을 즐기며 실패를 두려워하지 않는 환경을 만들어주는 것이 무엇보다 필요합니다. 청소년 스스로 궁금증을 가지고 질문을 던지며 배우는 학습주체가 될 때 비로소 창의성을 꽃피울 수 있습니다.

호기심을 키우는 '안전기지'

호기심을 연구해온 미국의 심리학자 수전 엥겔Susan Engel은 불안이 호기심을 억제하는 역할을 한다고 말합니다.[10] 학생들이 불안하고 초조한 상태에서 학습을 하면 호기심이 자라나기 힘들다는 얘기입니다. 새로운 생각과 시도는 대부분 실패로 끝나게 마련인데, 만약 한두 번의 실패로 만회하기 힘든 손해를 입고 비참한 결과를 피할 수 없다는 생각이 들면 창의적 시도를 하기 어렵습니다. 창의성과 호기심을 키우는 데 도전과 실패를 수용하는 사회 시스템과 교육환경이 중요한 이유입니다.

부모는 자녀가 실패로 인한 충격과 스트레스에 빠지지 않도록 보호하면서 깊은 신뢰와 애착관계를 형성해주어야 합니다.[11] 애착이론을 처음 제시한 영국의 정신과 의사 존 볼비John Bowlby는 2차 세계대전 뒤 고아원과 아동병원에서 충격적 경험을 합니다. 그곳의 아기들은 의료적으로 적절한 보살핌을 받고 있음에도 하나같이 왜소하고 우울해했습니다. 볼비는 아기들이 자신을 돌봐주는 한 사람과 깊은 애착관계를 형성하지 못하면 제대로 성장하고 발달하지 못한다는 이론을 세웠습니다.

볼비의 이론은 그의 제자 메리 에인스워스Mary Ainsworth의 '낯선 상황strange situation'이라는 유명한 실험에 의해 널리 확산됩니다. EBS 〈아기성장보고서〉 등의 다큐멘터리 프로그램을 통해서도 여러 차례 재현되어 우리나라 학부모들도 많이 알고 있는 아동심리 실험이지요.

돌이 지난 아기가 장난감이 있는 낯선 방에 엄마와 함께 있습니다. 이때 모르는 사람이 방으로 들어오고 엄마는 조용히 방 밖으로 나갑니다. 엄마를 안전기지로 삼아 놀던 아기는 엄마가 사라지자 불안해합니다. 얼마의 시간이 지나서 다시 엄마가 방으로 들어옵니다. 이때 아기가 얼마나 빨리 기분을 회복해서 다시 흥미로운 환경 탐색에 나서는지를 관찰합니다. 엄마가 돌아오면 애착관계가 잘 형성된 아기는 엄마를 기쁘게 맞고 다시 장난감 탐색에 나섭니다. 그런데 어떤 아기들은 돌아온 엄마에게만 붙어 있고 다시 장난감 탐색에 나서지 못하거나 놀이에 빠져들지 못합니다. '불안정 애착'이라고 말하는 상황입니다. 아기는 엄마가 또 가버릴지 모른다는 두려움과 불안 때문에 탐색에 나서지 못합니다.

볼비는 아기가 세상을 자유롭게 탐색할 수 있도록 돕는 '안전기지' 역할을 하는 애착관계의 중요성을 강조했습니다. 아이는 자신이 안전하다고 믿을 수 있는 조건이 제공될 때 불안과 두려움 없이 탐색과 도전에 나설 수 있습니다. 유아뿐 아니라 청소년과 성인도 마찬가지입니다. 우리는 안전하다고 느낄 때, 실패를 회복할 길이 있다고 믿을 때만 호기심을 갖고 낯선 곳으로 길을 떠날 수 있습니다.

고정 마인드셋과 성장 마인드셋

미국 스탠퍼드대학의 심리학자 캐럴 드웩Carol Dweck은 사람이 어떠한 마음가짐(마인드셋)을 지녔는지에 따라, 고정 마인드셋과 성장 마인드셋으로 구분합니다. 고정 마인드셋은 사람 능력이 고정되어 있다고 보아 "아무리 노력해도 자질을 바꿀 수 없다"고 여기며 도전과 실패를 불필요한 것으로 여깁니다. 도전과 그 과정에서 만나게 되는 실패를 자신의 결함을 드러내는 것으로 보아 꺼리고 두려워합니다. 성공이나 합격이야말로 타고난 재능을 증명해준다고 믿기 때문에 성장보다 성공을 추구하고, 자신이 자질을 충분히 갖춘 사람임을 확인해 보여야 한다는 성향과 강박을 갖게 됩니다.

성장 마인드셋은 재능과 능력이 노력에 의해 얼마든지 발전할 수 있다고 믿는 마음가짐입니다. 실패를 자신의 영구적 결함이라고 생각하지 않고 성장을 위한 과정으로 받아들입니다. 그래서 실패를 무능함으로 간주하지 않고 실패해도 좌절하지 않기 때문에 무엇이든 과감히 시도해볼 수 있게 됩니다. 여러 시도와 많은 노력을 통해 더 나은 능력을 갖게 될 것이라고 믿기 때문이지요. 그래서 성장 마인드셋은 단기적인 업적과 외형적 결과보다 겉으로 잘 드러나지 않는 내면적 성장을 더 중시하는 마음가짐입니다.

미 항공우주국NASA은 우주비행사 후보를 모집할 때 성공의 탄탄대로를 걸어온 탁월한 사람을 배제합니다.[12) 대신 인생에서 큰 실패를 경험했지만 멋지게 회복한 사람들을 선발합니다. 제너럴 일렉트릭의 전설적 경영자 잭 웰치Jack Welch가 임원을 뽑는 기준은 현재 성적표가 아닌 '성장 가능성'이었습니다. 지멘스나 구글은 직원을 채용할 때 '새로운 것을 얼마나 잘 배울 수 있는 사람인가'를 무엇보다 중시합니다. 인공지능 시대에 세계적 기업들이 인재를 채용할 때 가장 중시하는 덕목이 바로 이 성장 마인드셋을 지녔는가 하는 점입니다.

고정 마인드셋 또는 성장 마인드셋 성향이 형성되는 유년기에 부모의 역할은 결정적입니다. 사람은 불확실한 것보다 눈에 보이는 확실한 것을 주목하고 중요하게 여깁니다. 성적이나 등수, 합격 같은 외적인 결과와 달리 얼마나 노력을 기울였으며 내적 성장을 경험했는지는 좀처럼 겉으로 드러나지 않습니다. 더욱이 부모 입장에서 자녀가 성적이 하락했거나 시험에 불합격한 상황에서 노력 자체에 주목하며 성장 마인드셋을 키워주기는 현실적으로 어려운 일입니다. 많은 부모가 장기적 관점의 성장과 배움보다 결과에 초점을 맞추게 되지요. 부모 스스로 눈앞의 결과와 성취를 중시하는 태도와 습관의 문제점을 깨닫고 개선에 나서는 것이 중요합니다.

창의성은 '모난 돌'이다

스티브 잡스는 1985년 경영권 분쟁으로 애플에서 쫓겨났다가 12년 뒤 침체에 빠진 애플의 구원투수로 돌아옵니다. 최고경영자로 복귀한 잡스는 1997년 역사 속 위대한 창의적 인물들이 당대에 어떻게 평가받았는지를 표현한 '다르게 생각하라think different' 광고를 내보냅니다.

> "여기 미치광이들이 있다.
> 사회부적응자들, 반항아들, 사고뭉치들.
> 네모난 구멍에 둥근 못 같은 존재들, 만사를 다르게 보는 자들.
> 그들은 규칙을 찾지 않는다. 현 상태에 만족하지 않는다.
> 당신은 그들을 인용하고 반대하고 찬양하거나 비난할 수 있다.
> 그러나 그들을 무시하는 것만은 허용되지 않는다.
> 왜냐하면 그들이 세상을 바꾸니까. 그들이 인류의 진보를 이끌어가니까."

넬슨 만델라Nelson Mandela, 알베르트 아인슈타인, 찰스 다윈Charles Darwin, 토머스 에디슨Thomas Edison, 제인 구달Jane Goodall, 존 레넌John Lennon과 오노 요코Yoko Ono, 무하마드 알리Muhammad Ali, 마하트마 간디Gandhi 등 남다른 생각과 행동으로 세상을 바꾼 이단아들이 이 광고의 모델로 등장했습니다. 이 광고에서 애플이 생각하는 창의성의 의미가 그대로 드러납니다. 바로 '다르게 생각하기'입니다.

기존의 것을 다르게 보고 새로운 것을 만들어내는 사람을 우리는 창의적인 사람으로 추앙합니다. 하지만 일상에서 다르게 생각하고 다르게 행동하는 순간 우리는 크고 작은 저항에 부딪힙니다. 셸리 카슨Shelley Carson 하버드대 심리학 교수는 "성인들의 80%는 '다르게 생각하기'가 불편하거나 맥 빠지는 일이라고 여긴다"는 연구결과를 소개했습니다.[13] 스콧 배리 카우프만Scott Barry Kaufman 펜실베이니아대 교수는 "사회와 개인은 창의성을 배척하려는 성향을 지닌다"고 지적합니다.[14] 인간 두뇌는 선천적으로 위험회피 성향이 높기 때문에 안전하고 관습적인 것을 선호하며, 불편함을 주는 창의적 의견을 무의식적으로 피한다는 것입니다. 과학소설 작가 아이작 아시모프Isaac Asimov도 "세상은 대체로 창의성을 못마땅해한다"고 말한 적이 있지요.

특히 한국 사회에서 창의성은 숨 쉴 공간이 좁습니다. 체면과 위계, 권위를 중시하는 유교 전통에서 자유롭고 독창적인 생각은 그다지 장려되지 않았습니다. 임금은 임금답고, 신하는 신하답고, 선생은 선생답고, 학생은 학생답게 각자의 본분과 역할을 넘어서지 않는 게 미덕으로 통용되어왔습니다. "찬물도 위아래가 있다" "모난 돌이 정 맞는다"는 속담은 우리 사회가 창의성을 바라보아온 시선을 그대로 드러냅니다.

하지만 우리 각자의 창의성이 얼마나 꽃을 피울 수 있느냐는, 우리 사회가 이른바 '이단아'들, '모난 돌'들을 얼마나 포용할 수 있느냐에 달려 있다고 해도 과언이 아닐 것입니다. 창의성 연구자인 미국의 경제학자 리처드 플로리다Richard Florida는 한 사회의 개방성과 다양성을 나타내는 지표인 '게이 지수gay index'가 창의성과 강한 상관관계를 갖고 있다고 말합니다.[15] 동성애자(게이) 밀집도를 기준으로 미국

도시 순위를 매겼더니 동성애자가 많이 사는 도시일수록 첨단기술 산업이 발달한 것으로 나타났습니다. 1990년 게이 지수 상위 10곳 가운데 6곳이 첨단산업 밀집 지역에 속했습니다. 샌프란시스코, 워싱턴DC, 오스틴, 애틀랜타, 샌디에이고, 시애틀이 그곳입니다.

어느 사회에서나 동성애자는 사회의 '모난 돌'로 여겨져 배척되고 불이익을 받아왔습니다. 이런 동성애자들에게 어느 도시가 살 만한 곳이라고 소문이 나면, 사회의 나머지 '모난 돌'들도 자연스럽게 이곳으로 모여들게 됩니다. 애플의 광고처럼 "사회부적응자들, 반항아들, 사고뭉치들, 네모난 구멍에 둥근 못 같은 존재들, 만사를 다르게 보는 자들"이지요. 이들이 정착한 도시는 자유롭고 창의적인 분위기를 발산하고, 모난 돌들이 서로 시너지를 일으키면서 새로운 첨단산업의 최전선이 됩니다. 사회가 동성애자와 같은 모난 돌들을 더 많이 포용할수록 창의성 또한 높아지는 것이지요.

야수파 화가 앙리 마티스Henri Matisse는 "독창성에는 용기가 필요하다"고 말했습니다. 다르게 생각하고 다르게 행동한다는 이유로 사회로부터 무시와 외면을 당할 것을 각오해야 하기 때문이지요. 우리 사회는 오랫동안 그렇게 작동해왔습니다. 하지만 사회가 창의성을 북돋우려면 개인의 자유와 개성을 존중하는 문화를 만들어가야 합니다. 더 많은 소수자들을 포용하는 사회적 합의와 정책이 필요합니다. 모두가 한목소리로 말하는 집단주의, 전체주의 문화 대신 수많은 모난 돌들이 각자의 목소리를 내는 자유로운 문화를 꽃피워야 합니다.

비판적 사고력

05

교육의 궁극적 목표

2016년 다보스 세계경제포럼이 발표한 〈미래고용보고서〉는 글로벌 기업들의 인사·전략 담당자들을 인터뷰해, 2020년 기업의 직원들이 갖춰야 할 가장 중요한 기술 열 가지를 꼽았습니다. 1위는 복잡한 문제 해결 능력, 2위는 비판적 사고, 3위가 창의성이었습니다. 이 세 가지 능력은 독립적인 게 아니라, 서로 밀접하게 연결되어 있습니다. 기존의 지식과 노하우를 비판적으로 사고할 때 비로소 창의적 방법을 찾아낼 수 있고 복잡한 문제도 해결할 수 있으니까요. 인공지능 기술이 아무리 발달하더라도 사람 역할은 결코 줄어들지 않습니다. 왜냐하면 기술 발달은 효율성을 높이고 기존 문제를 해결하는 한편, 전에 없던 새로운 문제를 불러일으키기 때문입니다. 이 문제들은 기존의 기술과 노하우로는 해결되지 않는 복잡한 문제, 해법이 없는 문제라는 공통점이 있습니다.

비판적 사고는 4차산업혁명이 부상하면서 기업들이 갑자기 요구하는 능력과 기술이 아닙니다. 자동화 기술과 컴퓨터라는 개념이 존재하지 않던 2,500년 전 소크라테스Socrates 시대부터 교육과 앎의 목표로 제시되어온 능력입니다. 1964년 노벨평화상을 받은 미국의 인권운동가 마틴 루터 킹 주니어Martin Luther King Jr.는 이렇게 말했습니다.

> "교육은 거짓에서 참을 분간하고 허위에서 사실을 판별할 수 있도록 근거를 거르고 따져볼 수 있는 능력을 길러주어야 한다. 교육의 기능은 철저하게 그리고 비판적으로 생각하도록 가르치는 것이다."[16]

수많은 교육학자와 철학자들이 교육의 궁극적 목표를 독립적으로 비판적 사고를 할 수 있는 능력을 기르는 것이라고 말합니다. 수천년 전부터 오늘날까지 교육의 궁극적 목표로 강조되어왔음에도 학교 교육과정에서 '비판적 사고'의 중요성과 함양방법에 대해 제대로 교육받았다고 말할 수 있는 사람은 매우 드뭅니다. 비판적 사고는 가장 중요한 교육의 목표인데 왜 거의 교육되지 않는 것일까요?

우리는 왜 비판적 사고를 어려워할까

원래 '비판적'이라는 뜻의 영어 critical은 그리스어 krinein에서 나왔습니다. 이는 '비평'을 뜻하는 critic이라는 단어의 어원이기도 합니다. 그리스어에서 krinein은 '정확하게 가르다, 식별하다, 판단하다'라는 뜻을 갖고 있습니다. '비판적 사고'는 주어진 지식이나 주장을 수동적으로 받아들이는 게 아니라, 스스로 그 지식과 주장이 참인지 거짓인지, 유용한지 무용한지를 주의 깊게 따지면서 생각하는 것을 의미합니다.

《표준국어대사전》에 '비판'은 "현상이나 사물의 옳고 그름을 판단하여 밝히거나 잘못된 점을 지적함"으로 풀이돼 있습니다. 하지만 실제로 '비판적'이라는 말이 우리말에서 쓰일 때는 옳고 그름을 판단해 가린다는 의미보다, 잘못된 점을 지적하고 비난한다는 의미인 경우가 대부분입니다. '이성적으로 판단한다'는 의미보다 '삐딱하고 부정적으로 본다'는 의미에 더 가깝게 쓰입니다. "그 사람은 매사에 비판적이야"라는 말에서 '모든 일을 합리적이고 이성적으로 사고해 옳고 그름을 분간하는 사람'이라는 이미지가 떠오르지는 않습니다.

이렇듯 일상에서 단어가 잘못 쓰임으로 인해 우리 사회에서 '비판적 사고'는 오해되고 있으며, 중요성을 인정받지 못하고 있습니다. 정당한 평가인 비평과 비판이 자리 잡지 못하고 비난과 동일시되는 문화가 형성됐습니다. 영어에서는 critical이 비판적이라는 의미도 있지만, '중요한' '결정적'이란 뜻도 지닙니다. 같은 의미를 지닌 단어가 문화권에 따라 다른 가치판단이 개입된 채 받아들여진 겁니다.

한국 사회에 비판적 사고가 유난히 자리 잡기 어려웠던 배경이 있습니다. 첫째, 비판과 반대를 허용하지 않은 군사독재정권 탓이 큽니다. 1961년 5·16쿠데타 이후 군사독재정권이 수십 년간 획일적이고 권위적인 통치를 하는 동안 비판적 사고는 반국가적이고 반사회적인 행위로 간주되었습니다. 학교 교육과 사회생활에서 비판적 사고를 교육하거나 격려하는 일은 거의 없었습니다. 정통성이 취약한 군사독재정권은 시민들의 주권 의식과 비판적 사고를 무엇보다 두려워하고 탄압했습니다. 조직과 상관의 명령을 무조건 따르는 상명하복을 생명으로 여기는 군사정권은 전 국민에게 획일적 가치와 기준을 제시하고 "국론통일" "하면 된다"라고 맹목적인 수용만을 강요했습니다. 비판은 고사하고 자유로운 사고와 토론 자체를 국가 안보를 위협하는 중대범죄와 도발로 여기며 억눌렀습니다. '비판적 사고'라는 어휘를 만나면 중요한 지적 능력이라는 느낌 대신 공포와 두려움이 생기는 게 유신시절을 경험한 세대의 정서입니다.

둘째, 전통과 권위를 중시하는 유교문화의 영향으로 나이 많고 지위가 높은 사람에게 반대 의견을 표시하기 힘든 사회풍토 때문입니다. "찬물도 위아래가 있다"는 말처럼, 얼마 전까지 우리 사회에서는 나이 어린 사람이 연장자에게 대등하게 자유로이 발언하기가 어려웠습니다. 지금도 말다툼 도중에 빠지지 않고 "그런데 당신은 몇 살이

냐" "어디서 어른한테 말대꾸냐"라는 말이 나오는 걸 보면 유교적 위계문화의 뿌리가 얼마나 깊은지 알 수 있습니다. 자신의 의견을 자유롭게 펼칠 수 없는 환경에서 비판적 사고는 그림의 떡입니다.

비판적 사고는 기존의 지식과 권위, 전통 등 어떠한 형태의 지식이든 근본적으로 의심하고 성찰하면서 더 나은 방법을 추구하는 것입니다. 하지만 우리 사회와 교육 시스템에서 비판적 사고는 환영받지 못했고, 기피와 탄압의 대상이었습니다. 사회 기득권층에서 보면 비판적 사고는 자신과 전통 가치를 비난하고 배격하는 도전이자 불신, 의심, 권위의 부정으로 보입니다.

셋째, 절차와 과정보다 효율성과 결과를 우선시하는 사회문화 때문입니다. 앞 장에서 살펴본 것처럼 창의성이 우리 사회에서 뿌리내리기 어려운 이유와 같습니다. 정해진 목표를 빠르게 달성하기에 급급한 효율성 위주의 한국 사회에서 그 목표에 대해서 비판적으로 묻고 이의를 제기하는 행위는 환영받지 못합니다. 학교 교육도 과정보다 결과를 중시하는 주입식 교육 위주였습니다. 시험을 앞두고 공부할 시간이 부족하면 '무조건 외우기'가 학습전략인 현실입니다. 서울대에서 최우수 학점을 받은 학생들을 대상으로 연구한 결과, 토씨까지 교수의 말을 그대로 받아 적고 자신의 생각이 아닌 암기한 내용을 정확하게 쓰는 게 우수한 성적의 비결임이 밝혀져 충격을 준 바 있습니다.[17] 국가적으로 중요한 정책을 결정할 때도 필요한 토론과 절차를 생략하고 무조건 대통령 임기 안에 서둘러 마무리하려 들기도 합니다. 이명박 대통령 시기에 추진된 '4대강 사업'이 대표적 사례입니다. 비판의 목소리가 높았지만 대통령 임기 내 완공을 위해 토론과 합의를 생략한 채 밀어붙이기로 진행되었고, 결과는 참담했습니다.

비판적 사고를 교육하기 힘든 까닭

인공지능 시대를 맞아 한국 사회에서도 어느 때보다 비판적 사고가 강조되고 있지만, 여전히 상황은 암담합니다. 비판적 사고는 가장 중요한 인간의 지적 능력이자 교육의 목표임에도 불구하고 가르치기 어렵기 때문입니다.

첫째, 비판적 사고가 교육의 '궁극의 목표'로 강조되어왔다는 사실은 이것이 가장 어려운 목표임을 의미합니다. 비판적 사고는 한두 가지 역량과 기술을 특정 기간 교육하고 학습한다고 쉽게 갖출 수 있는 능력이 아닙니다. 비판적 사고에는 인간의 모든 지적 역량과 태도, 환경이 통합적으로 관련되어 있기 때문입니다. 근본적이고 궁극적인 인간 역량인 만큼, 장기적이고 본질적인 접근을 통해서만 점진적으로 학습할 수 있습니다. 그런데 한국 교육은 입시를 목표로 한 결과주의에 깊이 빠져 있어서, 비판적 사유를 중시하는 평생교육, 전인교육이 자리 잡지 못하고 있습니다.

둘째, 비판적 사고 능력은 제대로 평가하기 어렵습니다. 언어·수리

영역처럼 문제에 대한 정답을 찾아내거나 점수로 환산하기가 불가능합니다. 이 때문에 객관적 평가와 시험 대비 학습이 중요한 학교 교육과정에서 비판적 사고를 교육한다는 것은 현실적으로 매우 어렵습니다. 국어 과목에서 비판적 읽기를 배우지만, 대개는 다른 과목과 현실에서의 활용으로 확대되지 않습니다. 교육과정에 정해진 학습내용을 익히고 평가하는 현 교육 시스템에서 지식을 습득하고 암기할 시간도 부족한데 그에 대해 비판적 물음을 던지는 일은 학생으로서도 시간 낭비입니다. 또한 각급 학교 교사들을 비롯해 기성세대 대부분은 비판적 사고 교육을 경험하지 못했습니다. 교사들 대부분은 주입식 학교 교육의 모범생이자 임용시험이라는 치열한 경쟁의 생존자라는 점에서 비판적 사고와 거리가 있습니다. 스스로 배우지 못한 것을 남에게 가르친다는 것은 매우 어렵고 힘든 일입니다.

셋째, 비판적 사고는 배우려는 사람 스스로 학습주체가 되어 오랜 기간 의도적 노력을 기울여야 습득할 수 있는 역량이기 때문에 교육하기 어렵습니다. 다른 분야의 지식이나 기술은 교과서, 시험과 평가 등 객관적 목표를 향한 교육으로 습득과 성취가 가능하지만 비판적 사고는 다릅니다. 비판적 사고는 학습자 내면 깊은 곳에서 일어나는 자발적 각성인 동시에 살아가는 태도의 변화를 요구합니다. 한국의 교육 현실은 명문대 입시라는 목표와 기대가 지배합니다. 이는 학습자 스스로 세운 배움의 목표라기보다 부모와 사회가 부과한 과제의 성격이 강합니다. 외부의 잣대와 시선에 흔들리지 않는 강한 마음가짐과 태도

변화가 있을 때에만 비판적 사고를 키울 수 있습니다.

인간 인식이 사로잡힌 '네 가지 우상'

19세기 미국의 대표적인 사회학자 윌리엄 섬너William Sumner는 비판적 사고에 대해 다음과 같은 표현으로 높이 평가합니다.

> "비판적 사고는 교육과 훈련의 산물이고, 정신적 습관이자 힘이다. 비판적 사고는 모든 사람이 훈련받아야 하는 인간 행복의 최고 상태다. 환영, 사기, 미신, 자신과 환경에 대한 그릇된 이해에 맞설 수 있는 인간의 유일한 도구이다."[18)]

생각하는 능력은 인간 고유의 특징이자 강력한 도구이지만, 완벽하지도 않고 저절로 개선되는 것도 아닙니다. 인간은 한계와 오류, 편견과 잘못, 왜곡에 빠지게 된다는 것을 스스로 깨달을 때 학습과 훈련을 통해 더 나은 비판적 사고 능력을 개발하고 좀더 객관적이고 정확한 인식과 판단에 이를 수 있습니다.

사람은 백지 상태로 태어나 사회생활을 하면서 교육과 경험을 통해서 소통하는 방법과 생각하고 판단하는 능력을 길러갑니다. 그러면 우리가 성장과정에서 학습과 경험을 통해서 형성하는 각자의 생각과 사고방식은 정확하고 균형이 잡혀 있을까요? 그렇지 않습니다. 그래서 비판적 사고의 출발점은 자연적 상태의 인간 생각이 다양한 편견과 오류에 빠지는 기본 성향을 갖고 있음을 깨닫는 것입니다. 스스로 '무지를 자각'한 뒤에야 학습과 훈련을 통해 더 나은 지식과 생각하는 법을 배울 수 있습니다.

일찍이 16세기 영국의 사상가 프랜시스 베이컨은 인간이 쉽게 오류와 편견에 빠지는 성향을 갖고 있음을 지적했습니다. 유명한 '네 가지 우상'론입니다.

첫째, '종족의 우상'입니다. 모든 사물을 사람 위주로 해석하고 받아들이려 하는 보편적인 편견을 말합니다. 인간 종족이면 누구나 빠질 수밖에 없는 편견이라는 점에서 '종족의 우상'이라고 말합니다. 흔히 "새가 울고 나비가 춤을 춘다"고 말하는데 이런 표현은 우리가 모든 사물을 사람 위주로 바라보고 해석함을 알려줍니다.

둘째, '동굴의 우상'입니다. 사람은 개인별 성격이나 습관, 환경에 따라 각자 고유한 편견을 갖게 됩니다. 어려서 물에 빠진 경험 때문에 물을 겁내고 수영을 꺼리는 것이 그 사례입니다.

셋째, '시장의 우상'입니다. 사람은 언어를 통해서 의견을 주고받으며 소통하는데, 사용하는 언어에 담긴 편견과 한계를 벗어나기 어렵습니다. 어떠한 방패도 뚫을 수 있는 창과 모든 무기를 막아내는 방패라는 말이 오간 곳이 시장이듯, 부정확하고 사실과 다른 말에 현혹되는 성향을 말합니다.

넷째, '극장의 우상'입니다. 이는 우리가 전통, 역사, 권위가 부여된 것이라면 따지지 않고 믿고 의지하는 편향성을 말합니다. 논쟁을 하다가 "그거 책에 그렇게 실려 있어"라고 말하거나 유명인의 발언을 빌려 호소하는 방식으로 설득력을 높이려는 습관이 바로 '극장의 우상'과 관련 있습니다.

베이컨이 인간이 빠지는 '네 가지 우상'론을 제시한 지 500여 년이 흘렀습니다. 하지만 각자의 마음을 돌이켜보면, 우리는 여전히 베이컨 시대와 다를 바 없이 편견과 오류에 취약한 인식구조를 지니고 있음을 발견할 것입니다. 비판적 사고는 인간 인식이 편견과 오류에 빠지기 쉬움을 인정하는 데서 출발합니다.

인지적 본능과 오류 성향 이해하기

왜 사람은 이렇게 쉽게 편견과 오류에 빠지는 것일까요? 현대의 연구결과는 인간의 왜곡되고 불완전한 인식 능력이 생존본능 차원에서 비롯됐다는 설득력 있는 설명을 제공합니다.

사람이 어떻게 생각하고 행동하는지를 설명한 프린스턴대학의 행동경제학자 대니얼 카너먼Daniel Kahneman은 이 연구로 2002년 노벨경제학상을 받았습니다. 노벨경제학상이 심리학자에게 주어진 것은 카너먼이 최초일 정도로, 인간의 인지구조와 행동을 설명하는 기념비적 연구로 인정받았습니다. 카너먼은 사람의 인지 시스템이 두 가지로 구성돼 작동하고 있다고 주장합니다.[19] 시스템 1은 감정적이고 직관적이며 반사적인 판단입니다. 일부러 생각할 필요 없이 머릿속에서 떠오르는 대로 빠르게 판단하는 정신활동을 말합니다. 운전 도중 갑자기 나타난 장애물을 피하거나, 뷔페의 많은 메뉴 중에서 신선하고 보기 좋은 음식을 보자마자 빠르게 선택하는 것이 이런 시스템 1의 작용입니다. 이와 달리 시스템 2는 직관과 본능이 아니라 이성의 영역으로, 심사숙고와 성찰을 거치며 작동하는 '느리게 생각하기'입니다. 글을 쓰거나 시험문제를 푸는 일, 비판적 사고가 바로 시스템 2의 대표적인 사례입니다.

카너먼은 인간 사고 능력에서 감정과 직관에 따라 작동하는 시스템 1과 이성에 따라 움직이는 시스템 2에 각각 제 역할이 있다고 설명합니다. 이성적 사고가 인간의 가장 고차원적 능력이지만, 시스템 2에만 의존하면 빠른 대처를 하지 못해 수시로 위태로운 상황을 만나게 될 것입니다. 시스템 1은 인류가 오랜 진화과정 동안 발달시켜와 생각할 필요 없이 자동적으로 작동하도록 형성된 뇌의 회로라고 보면 됩니다. 숙고하는 과정 없이 직관적으로 반응하는 인지 시스템은 수백만 년 전 구석기시대에 인류의 생존을 가능하게 한 효율적 도구이지만, 동시에 이성적 판단을 저해하는 다양한 편향성을 만든 원인이기도 합니다.

비판적 사고라는 날카롭고도 강력한 인지도구를 지닌 인간이 각종 오류를 불러오는 낡은 본능과 직관에 의존하는 까닭은 무엇일까요? 사고가 이뤄지는 사람 두뇌의 특성을 먼저 이해해야 합니다.

사람 뇌의 무게는 몸무게 50분의 1에 불과하지만, 산소 소비량의 20%를 사용하는 에너지 과소비 기관입니다. 뇌는 산소 공급이 몇 분만 중단되어도 회복불가능한 치명적 손상을 입는, 중요하고 민감한 종합통제센터입니다. 잠시라도 작동을 멈춰서는 안 되므로, 항상 일할 수 있는 상태로 준비되어 있어야 합니다. 뇌는 인지적으로 여유자원을 확보하고 있어야 긴급상황에서도 작동할 수 있습니다. 전력 예비율이 항상 일정 정도 필요한 것과 비슷합니다. 그래서 우회로가 있거나 자동화할 수 있는 방법이 있으면 그 경로를 사용해서 뇌에 주어지는 부하를 최대한 줄이려는 경향을 갖고 있습니다.

인지심리학에서는 사람 두뇌의 이러한 절약 속성을 '인지적 구두쇠cognitive miser'라고 말합니다. 뇌는 인지적으로 많은 자원을 쓰면서 어떤 생각을 깊게 하는 것 자체를 싫어하는 경향이 있음을 지칭하는 심리학 용어입니다. 인지적 구두쇠는 사람이 매번 새로이 생각하거나 비판적으로 검토하는 대신, 고정관념이나 앞선 경험, 각종 편향에 의존하는 이유를 설명합니다. 사람은 생각하는 과정을 최소화해서 뇌의 자원을 아끼려는 본능적 경향을 갖고 있기 때문입니다.

비판적 사고를 갖추려면 우리 뇌가 인지적으로 게으른 구두쇠이고 구석기시대부터 형성되어온 각종 편향의 지배를 받는다는 것을 자각해야 합니다. 이는 기본적으로 왜곡되어 있고 편향되며 부정확한 자연 상태의 사고방식을 의도적으로 개선하려고 노력하지 않으면 절대로 비판적 사고에 도달할 수 없음을 의미합니다. 비판적 사고를 막는 타고난 본능적 성향을 깨닫는 것이 모든 것에 앞서는 공통된 출발점입니다.

'인지적 구두쇠'를 노리는 함정들

인지심리학과 행동경제학의 발달은 인간 사고가 성장과 사회생활을 통해 형성하게 되는 다양한 인지 편향cognitive bias을 실험과 이론을 통해 밝혀냈습니다. 성급한 일반화의 오류, 현상유지 편향, 확증 편향, 사후판단 편향 등 널리 알려진 인지 편향은 인간 사고가 정확하지 않음을 알려주는 사례입니다.

더욱이 인터넷과 소셜미디어 서비스 등 정보기술의 발달은 이러한 인지적 취약성을 한층 확대하고 있습니다. 필터 버블과 에코 체임버 효과가 대표적입니다.

'필터 버블filter bubble'은 인터넷의 맞춤형 서비스 때문에 객관적 사고가 어려워지고 왜곡되는 현상을 가리키는 개념입니다. 사업자가 통제하는 정보와 이용자가 선호하는 정보 위주로 노출하고 이용하게 만들어 결국 이용자의 생각을 '거품의 막'에 갇히게 한다는 이론입니다.

'에코 체임버echo chamber'는 '반향실' 또는 '울림통'이라는 뜻의 단어인데, 페이스북이나 카카오톡 같은 소셜미디어에서 이용자들이 성향과 선호가 비슷한 사람들과 집단을 이뤄 교류하게 되면서 나타나는 현상입니다. 소셜미디어 공간에서 '좋아요'와 '추천'이 쏟아진 글은 다수의 의견으로 여겨지기 쉽지만, 이는 정치적 신념이나 선호가 비슷한 사람들끼리 모여 있는 공간의 특성상 특정 주장이 실제 여론보다 크게 증폭된 현상일 수 있습니다. 소셜미디어 이용자들이 자신이 속한 일부 집단의 의견을 세상의 다수 의견인 것처럼 받아들이게 되는 인식 오류를 설명하는 개념입니다.

사기성 정보나 가짜 뉴스에 쉽게 현혹되는 사람들의 사고구조는 이러한 사고의 오류에 더 취약합니다. 사람의 이러한 다양한 인지 편향과 오류 성향은 의식적으로 인지적 노력을 기울이지 않으면 누구나 편향되고 왜곡된 인식에 빠지기 쉽다는 사실을 알려줍니다.

■ 인간 사고의 인지 편향

'성급한 일반화fallacy of hasty generalization'의 오류는 부분을 전체로 착각하거나 자신의 경험을 확대해석하는 데서 오는 생각의 오류입니다. 사물의 일부분만을 본 것을 바탕으로, 또는 몇 차례 반복된 경험을 기반으로 나머지 전체를 짐작하여 판단하는 오류입니다. '장님 코끼리 만지기'가 대표적입니다.

'현상유지 편향status quo bias'은 특별한 이득이 제공되지 않는 이상 현재 상태를 바꾸려 하지 않는 인지 성향입니다. 운전면허증에 표시되는 장기기증 의사는 국가별 차이가 큰데, 운전면허 신청서에 무엇을 기본 선택default setting으로 설정했는지에 따라 달라집니다. 기본 선택을 '장기기증 동의'로 설정하고 비동의 경우만 별도 선택을 하게 한 국가는 높은 장기기증 의사를 보입니다. 반대로 하면 기증 의사율이 낮아지는데, 현상유지 편향 때문입니다.

'확증 편향confirmation bias'은 사람이 원래 가지고 있는 생각이나 신념을 강화하는 정보나 그와 일치하는 정보를 선호하는 사고의 경향성을 가리킵니다. 사람들은 다양한 정보 중에서 자신의 신념에 일치하는 정보를 선호하고 그렇지 않은 정보를 회피하려 합니다. '보고 싶은 것만 본다'는 것이 확증 편향입니다. 기존의 신념이나 지식과 불일치하는 정보 수용을 꺼리는 '인지 부조화cognitive dissonance 회피' 심리라고 설명하기도 합니다.

그 밖에도 어떤 일이 벌어진 이후에 그 일이 일어날 수밖에 없었다고 설명하거나 행동하는 '사후판단 편향hindsight bias·creeping determinism', 특정한 상황에서 살아남은 사람에만 집중함으로써 상황을 잘못 판단하는 '생존자 편향survivor bias' 등 인간 사고는 다양한 인지적 함정에 빠지기 쉬운 경향성을 갖고 있습니다. 성격이 독특하거나 학력이 낮은 사람에게만 해당하는 것이 아니라 누구에게나 나타나는 성향입니다.

왜 선진국에서 가짜 뉴스 피해가 클까

유사 이래 언제나 사회에는 거짓말과 사기 정보가 난무했지만, 오늘날처럼 수많은 가짜 뉴스가 큰 영향을 끼치면서 사회문제가 된 적은 없었습니다. 한국만이 아니라 세계적 현상입니다. 2016년 미국 대선 선거운동 기간 소셜미디어에서 가짜 뉴스는 주류 언론의 진짜 뉴스보다 훨씬 더 많이 공유·추천되고 조회되었습니다. 영국의 브렉시트 국민투표에서도 가짜 뉴스의 영향이 컸습니다. 브렉시트 투표 당시 "영국에 시리아 난민이 밀려오고 있다" "터키가 곧 EU 회원국이 된다"는 등의 가짜 뉴스가 국민투표를 앞둔 영국 국민 정서에 상당한 영향을 끼쳤습니다.

왜 과학기술이 발달하고 시민들의 학력과 교양 수준이 높아진 21세기 디지털 시대에 선진국에서 어리석게 가짜 뉴스에 현혹되는 사태가 벌어졌을까요? 왜 누구나 스마트폰과 인터넷이라는 편리하고 똑똑한 정보 도우미를 갖고 있는 세상에서 오히려 가짜 뉴스의 피해가 더 커진 것일까요?

가짜 뉴스를 만들고 퍼뜨리는 집단의 정보활용 능력은 갈수록 교묘해지는데, 이용자들의 정보판단 능력은 과거 수준에 머물러 있기 때문입니다. 포토샵을 이용해 사진을 마음대로 조작할 수 있는 수준을 지나 무료 편집도구를 이용해 동영상과 음성파일도 얼마든지 손쉽게 조작할 수 있는 환경이 되었습니다. 정치적·경제적 의도를 지닌 가짜 뉴스 세력은 최신 인공지능을 사용해 진짜와 식별하기 힘든 가짜 정보를 만들어 퍼뜨리고 있습니다. 딥러닝을 이용한 딥페이크 기술은 유명 연예인의 얼굴을 포르노와 결합시켜 감쪽같은 조작 동영상을 만들어내어 숱한 피해자를 낳고 있습니다.

하지만 여전히 많은 사람들이 사진과 동영상이 뒷받침하는 정보면 의심 없이 '분명한 사실'이라고 믿습니다. 이용자들의 인지 능력과 비판적 사고력은 편리한 기술적 환경에서 오히려 더 게을러지고 있습니다. "소셜미디어 플랫폼을 작동시키는 알고리즘은 우리의 감정적 반응을 이용하는 방식으로 구성돼 있지만, 가짜 뉴스와 허위정보를 막기 위해 제시된 해결책은 사람의 이성적 대응을 전제로 하고 있다"고 진단하는 전문가도 있습니다.[20] 기술과 달리 인간의 이성적 대응, 즉 비판적 사고력은 단기간에 개선되지 못합니다.

문제는 앞으로 기술 발달에 따라 가짜 뉴스 현상이 점점 더 심각해질 것이라는 데 있습니다. 2013년 세계경제포럼은 "대량의 잘못된 디지털 정보가 현대사회 주요 리스크의 하나"라는 보고서를 발표했고, 컨설팅기업 가트너는 2017년 10월 발간한 미래전망 보고서에서 "2022년이 되면 대부분의 사람들이 진짜 정보보다 가짜 정보를 더 많이 접하게 될 것"이라는 전망을 내놓았습니다. 정보화 사회에서 비판적 사고력을 갖추지 못하면 가짜 정보에 현혹돼 어리석은 결정을 내리는 경우가 갈수록 늘어날 수 있다는 얘기입니다.

절대반지를 가진 바보

몇 해 전 미국의 '레딧(www.reddit.com)'이라는 커뮤니티 사이트 게시판에 흥미로운 질문이 하나 올라왔습니다.[21]

"1950년대 사람이 60년 뒤인 오늘날의 디지털 시대로 시간여행을 왔다고 가정할 경우, 그가 가장 이해하기 어려운 오늘날의 모습은 무엇일까요?"

여러 답변 가운데 많은 이들의 무릎을 치게 한 답변이 있었습니다.

"나는 주머니 속에 인류가 쌓아온 지식 전체에 접근할 수 있는 도구를 늘 갖고 다닌다. 하지만 나는 그것을 주로 고양이 사진을 보고, 모르는 사람들과 말다툼을 하는 데 사용한다."

60년 전에 인류의 지식 전체에 접근할 수 있는 사람은 소수의 특권층뿐이었습니다. 방대한 지식 자원에 접근할 수 있다는 것은 권력과 부를 얻는 기회였습니다. 운명을 바꿀 수 있는 일종의 '절대반지'였죠. 하지만 이제 누구나 스마트폰이라는 절대반지를 갖고 다니는 세상이 되니 그 지식의 가치를 귀하게 여기고 제대로 활용하는 사람이 드물어졌습니다. 아무리 똑똑하고 강력한 도구를 주머니 속에 갖고 있다고 해도 저절로 현명해지는 것은 아닙니다.

강력하고 똑똑한 도구를 현명하게 사용하려면 그 도구를 제대로 알아야 합니다. 세상의 모든 정보에 바로 접근할 수 있는 정보화 시대는 지식의 장벽을 낮추고 누구나 필요한 정보를 이용할 수 있도록 했지만, 한 가지 중요한 능력을 요청합니다. 바로 비판적 사고력입니다. 정보가 강력한 힘인 세상입니다. 정보홍수 환경에서는 정보를 다룰 줄 알고 유용한 정보를 판단해 골라내는 능력이 무엇보다 중요합니다. 유발 하라리는 학교에서 가르쳐야 할 것과 가장 거리가 먼 것으로 '더 많은 정보'를 지목합니다.[22] 정보는 학생들에게 이미 차고 넘치니까요.

비판적 사고의 네 가지 도구

살면서 날마다 만나는 다양한 뉴스와 정보는 비판적 사고를 훈련하기 좋은 대상입니다. 고등교육으로 정규 교육과정은 끝나지만, 쉼 없이 진전하고 변화하는 지식과 기술을 따라잡기 위해서는 누구나 생애 내내 학습을 해야 하는 평생학습 시대입니다. 평생학습은 일상에서 각종 미디어를 통해서 이뤄지는데, 이때 책과 뉴스 등의 메시지를 제대로 파악하고 활용하는 능력을 얼마나 갖추고 있느냐에 따라 개인들 간에는 엄청난 격차가 생겨납니다.

일상생활에서 미디어를 통해 정보를 받아들이고 활용하는 능력이

미디어 문해력media literacy입니다. 미디어 문해력에서 핵심을 이루는 능력과 도구가 '비판적 사고'입니다. 다음은 일상생활에서 비판적 사고를 훈련할 수 있는 네 가지 방법입니다.

첫째, 지금보다 더 나은 지식이 있음을 이해하라

모든 지식과 정보가 완벽하지 않음을 이해해야 합니다. 사람이 만들어낸 지식은 아무리 유용하고 당연한 진리처럼 보이더라도 더 나은 것으로 대체될 수 있음을 인정해야 합니다. 지식은 주체와 시점에 따라 가변적입니다. '내 눈'에 아무리 확실해도 다른 사람에게는 다르게 보일 수 있으며, '지금' 아무리 타당해도 다른 시점에서 보면 그렇지 않은 지식이 무수히 많습니다. 그래서 우리가 만나는 지식과 정보 대부분은 '불변의 진리'가 아니라, 유효기간이 있는 '가변적 지식'입니다. 아무리 모든 사람들이 확신하고 있거나 스스로 경험한 사실이라 해도 달라질 수 있습니다.

내가 지금 알고 있는 것이 틀릴 수 있고 더 나은 방법과 지식이 나타날 수 있음을 인정하면, 더 이상 확신과 아집에 갇히지 않고 겸허해지게 됩니다. 가장 어리석은 사람은 교육을 받지 못했거나 지식이 별로 없는 사람이 아니라, 자신이 아는 것이 절대적 진리라고 맹신하는 사람입니다. 기존 지식에 대한 확신은 새로운 앎을 막는 걸림돌입니다. 조선 후기의 지식인 대부분은 불철주야 공부했지만 그 대상은 유교 경전이었습니다. 주자학에 대한 조선 지식인들의 지나친 확신은 이웃 일본과 중국의 지식인들이 새로운 지식과 문물을 받아들이는 동안 조선의 지식적 지평을 과거에 머무르게 했고 이는 민족적 비극으로 이어졌습니다.

새로운 지식에 대한 열린 태도는 학자와 지식인만이 아니라 모든 사람에게 필요한 인생의 필살기입니다. 내가 지금 알고 있는 지식과 처리방식보다 더 나은 게 있고 앞으로도 얼마든지 더 좋은 게 나올 수 있다는 믿음은 끊임없는 배움으로 이어지기 때문입니다. 천동설은 지동설에 의해, 뉴턴의 우주론은 아인슈타인에 의해, 아인슈타인의 이론은 다시 양자역학에 의해 끊임없이 대체되어온 게 인류 지식의 역사입니다.

둘째, 주장의 근거를 흔들어라

해당 주장이 무엇에 근거하고 있는지를 살펴보아야 합니다. 모든 주장은 그것을 뒷받침하는 근거를 필요로 합니다. 어떤 주장이 유용하거나 사실에 부합하는지를 따져보는 가장 손쉬운 방법은 그 주장의 전제와 숨겨진 가정을 먼저 발견하는 것입니다. 주장 자체보다 그 전제와 가정이 얼마나 탄탄하고 논리적인가를 살펴보는 것입니다. 건물이 아무리 튼튼하고 멋져 보여도 눈에 보이지 않는 기초가 부실하면 무너지듯, 그럴싸해 보이는 논리도 전제가 틀렸거나 엉터리라면 거짓입니다.

간단한 예는 누구에게나 친숙한 삼단논법입니다. "모든 사람은 죽는다. 소크라테스는 사람이다. 고로, 소크라테스도 죽는다"라는 삼단논법에서 결론은 앞의 두 문장으로부터 유출됩니다. 일상에서 만나는 언론이나 논쟁에서도 논리가 이처럼 삼단논법으로 전개되는 경우가 많습니다. 삼단논법에서 결론이 논리적인지 혹은 필연적인지를 검증하려면 앞선 두 문장이 사실에 부합하는지를 먼저 살펴보아야 합니다.

예를 들어 "모든 대한민국 국민은 국방의 의무를 지닌다. 여자도 대한민국 국민이다. 그러므로 여자도 군대에 가야 한다"라는 주장을 살펴볼까요. 여기서는 첫 번째 근거에 중대한 오류가 있습니다. 모든 국민은 '무조건' 국방의 의무를 지닐까요? 헌법에 따르면 모든 국민은 "법률이 정하는 바에 따라" 국방의 의무를 지닙니다. 국방의 의무를 군 복무로 한정한 것이 오류입니다. 법률, 즉 병역법에 따르면 대한민국 국민인 남성은 병역의무를 수행해야 하지만, 여성은 지원에 의하여 복무할 수 있습니다. 사실 관계를 면밀히 살펴보니 숨겨진 오류가 드러납니다.

적극적으로 주장을 펼치는 사람도 정작 자신이 무엇을 당연하게 여기고 있는지 모르는 경우가 많습니다. 그래서 주장의 근거를 묻는 질문을 던지면 자가당착에 부딪히거나 답변하지 못하는 경우가 흔합니다. 논리 주장은 하나의 문장이 아니라, 탑 쌓기처럼 단계적으로 사실과 논리를 쌓아올리는 작업입니다. 그런데 말하는 사람이 감추고 있거나 스스로도 의식하지 못한 숨겨진 전제를 들추어내면, 논리 전개가 맞는지 쉽게 검증해볼 수 있습니다. 소크라테스가 소피스트들과의 대화에서 보여준 교육방법도 소피스트들이 당연한 것으로 전제한 믿음과 지식을 흔들어 그들의 무지와 잘못을 일깨우는 방식이었습니다.

셋째, 의도를 읽어라

말하는 사람의 의도를 읽어내는 것이 중요합니다. 모든 주장이나 정보는 사람이 만들어내는 것인데 사회에서 우리가 직면하는 사람들의 행동에는 늘 의도가 들어 있습니다. 예컨대 정치인들의 주장이 겉으로는 행복과 정의를 위한 것처럼 보일지라도 속으로는 다른 의도를 가지고 있는 경우가 대부분입니다. 말하는 사람의 의도를 파악하는 가장 편리한 방법은 그렇게 주장함으로써 그는 어떠한 이득을 얻게 될까를 생각해보는 것입니다. 국회의원선거, 지방선거 때가 되면 출마한 후보들은 유권자들에게 공손히 인사를 하고 달콤한 언어로 청사진을 제시합니다. 많은 후보가 국회의원의 특권을 축소하고 감시장치를 도입하겠다고 공약도 합니다. 하지만 당선 이후 정치인들의 태도는 돌변하곤 합니다.

정치인들의 발언만이 아닙니다. 이해관계가 얽혀 있는 사이에서는 상대의 의도가 발언 내용보다 훨씬 중요합니다. 사기꾼과 허위정보에 쉽게 속아 넘어가는 이유는 크게 두 가지입니다. 즉 문해력 부족과 일확천금 욕망 때문입니다. '대박 보장 마지막 투자 기회' 같은 부동산 분양광고를 예로 들어봅시다. 광고 문구만 읽었지 거기에 담긴 사업자의 의도를 읽어내지 못하면 이런 정보에 현혹됩니다. 또 스스로 일확천금의 욕망에 빠지면 광고가 내세우는 정보의 진위를 검증하지 못하고 자신이 기대하는 방향으로만 정보를 해석하게 됩니다.

《논어論語》에서 공자도 비판적 사고를 거듭 강조하는데, 끌릴수록 의도를 비판적으로 살펴봐야 한다고 제자들을 깨우칩니다. 논어의 '견리사의見利思義(이익을 보게 되면 그것이 옳은 것인지를 따져봐라)'도, '교언영색巧言令色(아름다운 말과 웃는 얼굴)'도 모두 표면적 행위에 감춰진 의도를 파악해야 한다고 강조했습니다. 이익이 분명해 보이거나 말이 그럴싸할수록 그 의도를 따져봐야 한다는 이야기입니다. 같은 발언도 어떤 상황에서 나왔는지에 따라 전혀 다르게 이해됩니다. 말하는 사람의 의도는 발언의 진위를 따질 때 무엇보다 중요한 요소입니다.

'공짜점심은 없다'는 말도 비슷합니다. 공짜가 없는 세상에서 인터넷에는 무료 서비스가 많습니다. 하지만 정부나 비영리조직 등이 운영하는 게 아닌, 기업이 운영하는 서비스 대부분은 별도의 수익모델이 있어서 작동합니다. 대부분 광고 또는 이용자 개인정보를 활용해 돈을 버는 구조입니다. "어떤 서비스가 무료라면 당신은 고객이 아니라 상품이다"라는 지적에 고개를 끄덕이게 되는 이유입니다.[23)]

비판적 사고를 훈련하는 방법은 해당 주장이 등장하는 배경과 맥락을 고려하는 것입니다. 논리와 언어는 포장이기 때문에, 표현이 화려하고 매력적일수록 진정한 의도를 파악할 때 제대로 그 주장을 이해할 수 있습니다.

넷째, 사실과 의견을 구분하라

사실과 의견을 구분하는 능력이 필요합니다. 사실은 객관적으로 존재하기 때문에 보는 사람에 따라 달라지지 않는 실체입니다. 참과 거짓을 가릴 수도 있습니다. 반면 의견은 어떤 대상에 대해서 갖는 생각이기 때문에 사람마다 다릅니다. 참과 거짓을 가릴 수 없는, 표현의 자유 영역입니다. 그런데 현실에서 사실과 의견은 구분되지 않고 뒤섞인 형태로 나타나기 때문에 사실과 주장을 구분하기가 어렵습니다. 토론에서 주장을 펼치는 논객의 발언이나 뉴스 기사에도 사실과 의견이 섞여 있습니다. 사실 보도로 포장되어 있지만, 실제로는 의견을 담은 주장인 기사도 많습니다.

민주주의 사회는 기본적으로 사상과 표현의 자유를 보장하기 때문에 의견은 누구나 다양하게 펼칠 수 있습니다. 내가 동의하지 않는 주장이라고 해서 잘못된 것은 아닙니다. 영국 신문 〈가디언*The Guardian*〉의 편집국장 찰스 스콧Charles Scott이 1921년 "의견은 자유이지만 사실은 신성하다Comment is free, but facts are sacred"라고 말한 것이 언론에서는 철칙으로 통용됩니다.

특정한 의견 자체가 문제가 아니라, 잘못된 사실을 근거로 한 의견과 주장이 문제입니다. 그래서 사설이나 칼럼 같은 의견기사를 읽을 때도 글에 담긴 주장과 논리가 근거한 사실이 옳은지를 따져보아야 합니다. 사실 가짜를 진짜라고 주장하는 것은 가짜 뉴스나 조작과 같은 질 낮은 경우이고, 언론사 사설이나 칼럼이 공개적으로 사실 자체를 왜곡하는 경우는 드뭅니다. 다만 부분적 사실을 전체로 간주하거나 확대해석하는 경우는 흔합니다. 어떠한 사건이 발생했을 때, 중요한 것은 그 사건이 다른 현상들과 분리되어 개별적으로 발생했는지 아니면 조직적이고 구조적인 문제로 인해서 생겨났는지를 파악하는 일입니다. 구조적인 문제가 아닌데 조직과 전체의 문제로 다루는 경우, 반대로 구조적인 차원의 문제인데 개인의 특수한 상황과 성격 탓으로 보는 경우 모두 잘못입니다. 누군가의 글을 읽거나 발언을 들으며 사실과 의견을 구분해보는 것은 비판적 사고를 훈련하는 유용한 방법입니다.

김훈의 소설《칼의 노래》는 '버려진 섬마다 꽃이 피었다'라는 문장으로 시작합니다. 김훈은 이 문장에서 '꽃이 피었다'와 '꽃은 피었다'를 놓고 여러 날 고민했다고 합니다. '이'를 쓰면 사실을 말하는 것이고, '은'을 쓰면 의견을 말하는 것이기 때문입니다. '꽃은'은 말하는 사람과 듣는 사람이 이미 무언가를 알고 있다는 것을 전제한 상태에서의 서술이고, '꽃이'는 이런 전제 없이 처음 기술하는 것이지요.

기사에서도 예를 들어 "이달 초 갑작스러운 유가 인상으로 각종 생활물가 인상이 예고돼 있다"라는 문장을 보자면, 유가 인상은 사실이지만, 물가 인상은 의견입니다. 물론 유가 인상으로 생활물가 인상 압력이 높아지지만 소득과 수요의 변화, 정책수단의 개입 등 다양한 변수가 있기 때문입니다.

짧은 문장에도 사실과 의견이 뒤섞여 있습니다. 이를 식별하는 능력을 기르는 것이 비판적 사고를 키우는 길입니다. 프랑스와 영국 등은 학교에서 다양한 미디어 교육을 실시하는데, 의견과 사실을 구분하는 법을 지속적으로 훈련함으로써 비판적 사고력을 함양합니다.

독서, 비판적 사고의 출발

네 가지 우상론을 제시하며 비판적 사유의 중요성을 강조한 프랜시스 베이컨은 일찍이 이렇게 말했습니다.

> "독서는 충만한 사람을 만들고, 토론은 준비된 사람을 만들고, 글쓰기는 정확한 사람을 만든다."

책읽기, 토론, 글쓰기는 비판적 사고를 키우는 최선의 방법입니다. 처음부터 비판적 사고와 차원 높은 논리적 사고를 갖출 수는 없습니다. 많이 생각하고 또 깊게 생각하는 습관을 들이는 게 비판적 사고의 첫 단계입니다. 이는 바로 독서에서 출발합니다.

스마트폰과 소셜미디어 시대에 사람들은 역사상 어느 때보다 많은 글을 읽고 있습니다. 하지만 성인 독서인구는 갈수록 줄어들고 있습니다. 2017년 국민독서실태 조사 결과, 성인 40%는 1년에 책을 한 권도 읽지 않는 것으로 나타나 역대 최저치였던 2015년 35%를 넘어

섰습니다. 정보화 시대에 독서인구가 줄어든다는 것은 책과 신문, 방송 위주였던 콘텐츠 환경이 스마트폰과 인터넷 등 멀티미디어 환경으로 달라진 데 따른 자연스러운 변화일 수 있습니다.

"미디어는 메시지다"라고 마셜 매클루언Marshall McLuhan이 말했듯이 같은 내용이라도 스크린으로 보는 것과 책으로 읽는 것은 차이가 엄청납니다. 종이책과 달리 디지털 멀티미디어로 볼 때는 사진과 동영상, 댓글과 링크 덕분에 더욱 풍부하고 역동적인 방식으로 콘텐츠를 이용할 수 있습니다. 주의를 집중하며 한 글자씩 읽어가는 독서와 달리, 디지털 기기에서는 한눈에 전체를 훑어보는 방식으로 읽기가 가능합니다. 디지털 도구를 이용하면 힘들이지 않고 짧은 시간에 더 많은 내용을 취득할 수 있을 것 같습니다.

스크린을 통한 읽기는 한눈에 종합적인 정보를 파악하기에는 좋지만, 해당 콘텐츠에 드러나지 않은 함의를 파악하거나 깊은 성찰로 이어지기 어렵습니다. 작가 제임스 캐럴James Carroll은 "독서는 순전한 내면성의 행위다. 목표는 단순한 정보 소비가 아니다. 독서는 자아와의 만남의 기회다. 책은 지금껏 인간이 만들어낸 것 중 최고의 것이다"라고 말합니다.[24] 독서를 통해 최종적으로 얻게 되는 것은 책에 담겨 있는 특정한 정보와 저자의 관점이 아닙니다. 독서 행위의 핵심 역할은 저자의 텍스트를 계기로 읽는 사람이 예전보다 깊은 사고를 할 수 있도록 안내하는 것입니다. 그래서 책읽기를 저자와 나누는 대화라고 말합니다.

책읽기는 스크린을 통한 이미지와 동영상 시청과 달리 여백이 많은 행위라서 다양한 방식으로 진행됩니다. 종이책 읽기는 동영상 재생 속도를 따르는 것이 아니라 읽는 사람 저마다의 속도로 진행되고, 때로는 밑줄을 긋거나 메모를 하면서 자신만의 생각으로 빠져들게 됩니다. 인지신경과학과 아동발달 연구자인 매리언 울프Maryanne Wolf는 독서를 하면서 길을 잃고 방황하는 경우가 흔한데 "독서는 주어진 정보를 뛰어넘어 아름답고 무한히 많은 사고를 창조하게 해준다"고 말합니다.[25] 책은 풍부한 정보를 경험하게 하는데다, 이를 넘어 읽는 사람의 생각과 감정을 가동해 공감하게 하는 도구입니다. 인터넷 문서는 영상이나 댓글, 관련자료에 링크할 수 있지만, 독서는 사색과 성찰로 연결되는 행위입니다.

사실 독서는 책에 쓰여 있는 글자를 읽는 행위를 넘어, 고도의 능력이 요구되는 정신적 작업입니다. 영상이나 말과 달리 글을 이해하는 것은 독자에게 정신적 긴장과 적극적인 집중력을 요구합니다. 그래서 인지적 피로를 느끼지만, 그만큼 뇌에 깊이 저장됩니다.

독서력을 갖춘다는 것은 다양한 분야의 전문가에게 조용히 이야기를 들을 수 있다는 것을 의미합니다.[26] 책을 읽고 잘 이해하는 사람은 관련 내용이나 배경지식이 풍부해지게 마련입니다. 또 평생 책을 읽어온 사람은 그렇지 않은 사람들보다 책을 재미있게 읽고 잘 이해하게 됩니다. 아는 만큼 보고 이해하는 것은 독서에서도 마찬가지입니다. 그래서 독서는 종합적이고 누적적인 능력을 필요로 하고, 그런 능력을 길러줍니다. 어려서부터 책을 가까이하고 읽어나가는 능력이 평생 무엇보다 중요한 지적 능력이 되는 이유입니다.

열정적 독서가인 빌 게이츠는 "오늘의 나를 있게 한 것은 우리 마을 도서관이었다. 하버드 졸업장보다 소중한 것은 독서 습관이다"라고 말합니다. 버락 오바마Barack Obama, 손정의孫正義, 스티브 잡스, 워런 버핏Warren Buffett, 앨빈 토플러 등 많은 저명인사가 성공 비결로 독서를 꼽습니다. 누구보다 바쁘지만 누구보다 열정적으로 독서를 하는 습관이 그들을 탁월한 성취로 이끌었습니다. 하지만 그들이 성공을 위해 독서를 하지는 않았을 겁니다. 성취는 독서를 통한 성찰과 창의성이 가져온 선물의 하나였을 따름입니다.

베이컨이 강조한 독서와 토론, 글쓰기는 생각하게 만드는 지적 활동입니다. 독서를 통해 비로소 생각할 거리를 만나게 되고 머릿속으로 저자와 그리고 자신과 대화를 나누게 됩니다. 토론과 회의를 준비하는 과정은 자신의 지식을 정리하고 무엇을 알고 있는가를 점검하게 해줍니다. 글쓰기는 자신의 생각을 불러와 새롭게 구성하고 확인하는 과정으로, 비판적 사유가 자연스럽게 작동하게 합니다.

인터넷과 디지털 시대에도 책읽기와 토론하기, 글쓰기는 기본 지식 습득과 함께 비판적 사고를 익혀나갈 수 있는 가장 확실하고 유용한 방법입니다. 더욱이 디지털 기기를 통한 훑어보기가 늘어나고 독서와 깊이 생각하기가 줄어드는 현상으로 인해 미래에는 책 읽는 능력이 더욱 중요해질 것입니다. 니컬러스 카가 《생각하지 않는 사람들》에서 지적한 것처럼, 인간의 지적 능력이 멀티태스킹과 스크린에 적응하면서 복잡한 글 읽기와 깊이 생각하는 능력을 잃어버리고 있기 때문입니다.

비판적 사고는 '삶의 태도'다

비판적 사고는 앞에서 말한 대로 참과 거짓, 사실과 의견을 구별하는 지적 능력입니다. 하지만 자세히 들여다보면 비판적 사고는 어떤 기술과 노하우라기보다는 살아가는 태도에 가깝습니다.

비판적 사고는 미래 인재의 으뜸가는 역량이지만, 이를 갖추기 위해 비판적 사고의 본질로 들어가보면 모순에 부닥치게 됩니다. '비판적 사고'라는 강력한 범용적 도구를 획득하려고 할 경우, 실용적 목적은 오히려 걸림돌이 된다는 역설적 상황을 만나게 되기 때문입니다. 아인슈타인도 비판적 사고는 당장 실용적이지 않지만 무엇보다 중요하다고 강조했습니다.

"학교에서 학생들에게 나중에 생활에서 직접 활용할 수 있는 특정한 지식과 성취를 가르치는 것에 반대한다. 인생에서 필요한 것들은 너무 복잡해서 학교에서 이를 대비하기 위해 특정한 훈련을 하기가 불가능하다. 독립적 사고와 판단할 줄 아는 보편적 능력을 교육하는 게 무엇보다 선행되어야 한다."[27]

비판적 사고에는 거리두기와 자기성찰이 필수입니다. 정보와 주장을 바로 받아들이는 대신 거리를 두고 생각해보는 데서 출발해, 그에 대한 자신의 생각과 논리를 살펴보게 됩니다. 그래서 비판적 성찰은 자아성찰로 이어집니다.

교육사상가 존 듀이John Dewey는 비판적 사고의 특징이 반성적이고 능동적인 것이라며, 반성적 사고reflective thinking라고 부릅니다. 스스로 생각을 펼치며 질문을 제기하고 그에 대한 평가와 성찰을 지속적으로 해나가는 것이 반성적 사고입니다. 외부 지식과 경험을 만나면 즉각 이뤄지는 직관적이고 감각적인 판단(카너먼의 시스템 1)을 유보하는 태도입니다. 듀이는 교육이 평생에 걸쳐 이루어지는 성장의 과정이며, 삶과 교육은 분리될 수 없고, 성장은 반성적 사고와 문제해결을 통해서만 가능하다고 말했습니다.

비판적 사고는 우리 사회에서 삐딱한 생각과 까칠한 태도로 여겨지지만, 사실은 그 반대입니다. 비판적 사고는 내가 알고 있는 어떠한 지식과 신념도 완벽하지 않으며 언제라도 더 나은 지식으로 대체될 수 있음을 받아들이는 태도입니다. 그래서 진정한 비판적 사고는 지적 확신과 오만이 아니라 겸허한 태도를 갖게 합니다. 내가 아는 것이 틀릴 수 있음을 겸허히 인정하게 되면 상대의 주장과 새로운 지식에 더 귀를 기울이고 배우는 태도를 갖게 됩니다. 소크라테스의 "너 자신의 무지를 알라"라는 가르침은 2,500년이 지난 지금도 비판적 사고의 핵심입니다. 스스로 모른다는 것을 깨달을 때 지적으로 겸허해져서 다른 지식과 의견을 받아들이고 비로소 진리에 다가갈 수 있습니다. 그래서 스스로의 무지를 깨닫는 것은 진리를 발견하고 지혜로운 삶을 선택하는 첫걸음입니다.

마시멜로 테스트에 대한 진실과 오해

"네 살 때 얼마나 참을성이 있는지를 보면, 미래에 그 아이가 성공적 삶을 살아갈지 아닐지 상당히 정확하게 예측할 수 있다."

널리 알려진 심리 실험 '마시멜로 테스트'를 압축한 말입니다. 얼마나 진실에 부합할까요? 네 살이면 아직 본격적인 성장과 교육이 이뤄지지 않은 나이인데, 인생의 성공 여부가 타고난 기질과 성격에 따라 사실상 결정되어 있다는 말일까요? 사실 마시멜로 테스트는 교육이 천성에 얼마나 영향을 끼칠 수 있는지에 대한 근본적 질문을 던지는 심리 실험입니다. 우선 실험 내용을 알아보겠습니다.

미국 스탠퍼드대학의 심리학자 월터 미셸Walter Mischel 교수가 1960년대 580명의 취학 전 아동(평균 4세)을 대상으로 흥미로운 실험을 했습니다.[28)]

1차 마시멜로 테스트

작은 책상 하나만 놓여 있는 방에 아이를 오게 합니다. 책상 위에는 마시멜로 두 개와 종이 있습니다. 연구자가 아이에게 이렇게 말합니다.

"난 바빠서 잠깐 나갔다 올게. 나중에 내가 돌아올 때까지 기다리면 마시멜로 두 개 다 줄게. 내가 돌아오기 전에 마시멜로가 먹고 싶으면 종을 울리고 하나만 먹으렴. 하지만 두 개를 다 먹으려면 내가 올 때까지 기다려야 해."

아이들 3분의 2는 참지 못하고 마시멜로를 먹었고, 15분 뒤 연구자가 돌아올 때까지 기다려 두 개를 먹은 아이들은 3분의 1뿐이었습니다. 어떤 아이들은 연구자가 방을 나간 뒤 1분도 지나지 않아 마시멜로를 먹었습니다.

마시멜로 테스트 이후 10년 주기로, 50년이 넘는 기간 동안 이들에 대한 추적 관찰과 연구가 이어졌습니다. 아이들이 10대 후반이 되었을 때의 발달과 성취 수준을 조사했습니다. 결과는 놀라웠습니다. 15분을 기다려 두 개의 마시멜로를 먹은 아이들은 유혹에 금세 무너진 아이들보다 몸매가 날씬하고 사회 적응을 잘할 뿐 아니라 대입수능시험SAT에서 평균 210점(1,600점 만점 기준)이나 높은 점수를 받았습니다. 기다리는 시간이 가장 짧았던 아이들은 충동을 제대로 조절하지 못했고, 정학처분 빈도와 약한 아이를 괴롭힌 비율도 가장 높게 나타났습니다.

"인내는 쓰다. 그러나 그 열매는 달다" "참는 게 이기는 거다" 등 인내력을 칭송하는 동서고금의 숱한 교훈을 과학적 실험으로 입증해낸 만큼 마시멜로 테스트는 많은 사람들의 공감을 불러일으켰습니다.

마시멜로 테스트의 반전

마시멜로 테스트는 '타고난 참을성이 인생을 좌우하는 결정적 힘'이라는 사실을 증명하기 위해 계획된 연구가 아닙니다. 애초 연구 목적은 '인내력 있는 아이와 그렇지 않은 아이의 심리를 이해하고 교육을 통해 참을성을 기르는 방법'을 밝혀내는 것이었습니다. 마시멜로를 당장 먹지 않고 기다린 아이들이 선천적 인내력을 타고났다고 보기도 어렵습니다. 참을성을 보여준 아이들은 마시멜로를 보지 않으려고 손으로 눈을 가리거나 머리카락으로 눈을 덮기도 하고, 노래를 부르거나 책상을 발로 차거나 의도적으로 다른 생각을 하는 등 스스로 주의를 돌리는 행위를 만족 지연 방법으로 활용했습니다. 미셸 교수는 2차 마시멜로 테스트를 진행했습니다.

2차 마시멜로 테스트

1980년대 월터 미셸 교수팀은 조건을 약간 바꿔서 다시 마시멜로 테스트를 진행했습니다. 1960년대의 1차 테스트 때와 모든 것이 동일하지만, 연구자가 아이 앞을 떠나면서 책상에 놓인 마시멜로 그릇에 뚜껑을 덮어두는 행위를 추가한 실험을 진행했습니다. 1차 때 아이들이 마시멜로를 먹기까지 기다린 시간은 평균 6분이었는데, 2차 때는 11분 이상으로 늘어났습니다. 그릇에 뚜껑을 덮는 일만으로도 인내심을 상당한 정도로 키울 수 있음을 알려준 연구입니다.

3차 마시멜로 테스트

2012년 로체스터대학 연구진은 4세 아이 28명을 두 그룹으로 나눠 마시멜로 실험을 진행했습니다. 아이들에게 컵 꾸미기를 할 거라고 알려주고 미술재료가 놓여 있는 책상 앞에 앉게 했습니다. 선생님이 "조금 기다리면 책상 위에 있는 것과 별도로 더 좋은 꾸미기 재료를 주겠다"고 말합니다. 몇 분 뒤 A그룹(14명)에는 약속대로 새 재료를 주고, B그룹(14명)에는 "재료가 있는 줄 알았는데 없었다"며 사과하고 새 재료를 주지 않습니다.

신뢰를 경험한 A그룹과 비신뢰를 경험한 B그룹의 아이들을 상대로 다시 고전적인 1차 마시멜로 테스트를 진행했습니다. 신뢰 환경의 아이들은 평균 12분을 기다렸고, 14명 중 9명은 15분이 지날 때까지 마시멜로를 먹지 않았습니다. 비신뢰 환경의 아이들은 평균 3분을 기다렸고, 15분까지 기다린 아이는 14명 중 1명뿐이었습니다. 신뢰를 경험한 실험집단의 아이들은 1차 테스트 때의 평균 기다린 시간 6분보다 2배, 비신뢰 집단의 3분보다는 무려 4배나 더 오래 기다리는 참을성을 보인 겁니다.[29]

1960년대의 1차 마시멜로 테스트 때와 달리 2, 3차 테스트는 그다지 알려지지 않았습니다. 그러나 2, 3차 테스트는 교육의 효과와 방향에 대해서 많은 것을 알려주며, 1차 테스트에서 생긴 의문점을 해소해줍니다. 그릇에 뚜껑을 덮는 것만으로 유혹에 버티는 시간이 2배로 늘어났고, 신뢰 환경을 경험하면 그렇지 않을 때보다 4배나 더 오랜 시간을 기다렸습니다. 참아야 성공한다며 무작정 고진감래를 강조할 게 아니라, 인내심을 키울 수 있는 좀더 좋은 환경을 만들어주는 것이 어른의 역할입니다. 맹자의 어머니가 아들 교육을 위해 세 차례 이사를 다닌 것이 좋은 본보기입니다.

인내심을 키우는 환경

성격과 재능처럼 인내력(만족지연 능력)에도 천성과 기질이 어느 정도 영향을 줍니다. 하지만 교육은 서로 다른 기질과 성격을 타고난 사람들을 대상으로, 그들이 좀더 나은 상태로 나아가도록 가르치고 돕는 과정입니다. 마시멜로 2, 3차 테스트는 우리가 왜 교육을 해야 하는지, 부모와 사회가 어떠한 환경을 자녀들에게 제공하려고 노력해야 하는지에 대해 중요한 통찰을 제시해줍니다.

고전적인 마시멜로 1차 테스트는 더 큰 목표를 추구하면서 욕구충족을 미룰 줄 아는 능력이 장기적인 성취에 무엇보다 중요함을 알려줍니다. 마시멜로 2, 3차 테스트는 만족지연 능력이 사람마다 타고난 것이 아니라 뚜껑 덮기나 어른의 약속 이행 같은 구체적 방법으로 얼마든지 변화할 수 있음을 알려줍니다. 만족지연 능력은 그 자체로 교육 효과를 높일뿐더러 교육의 목표이기도 합니다.

세 차례의 마시멜로 테스트는 일상적 환경에서 어떻게 인내심을 기를 수 있는지에 대한 구체적 전략도 알려줍니다. 누가 더 오래 인내심을 발휘했는가는 달리 말하면 누가 더 오래 기다릴 수 있었는가 하는 문제입니다. 대개 인내심은 외부에서 주어지는 '금지' 지시를 따르는 것이고, 기다림은 자발적으로 선택하는 '기대'라는 형태를 띱니다.

마시멜로 테스트에서 좀더 오랜 기다림을 가능하게 한 전략을 일상에서 활용할 수 있습니다. 첫째, 자극 요소를 눈앞에 보이지 않게 감추거나 치우는 방법입니다. 뚜껑을 덮어두는 일처럼 사소한 행위가 인내심에 상당한 영향을 줍니다. 성인들도 간식이 눈에 보일 때와 보이지 않을 때 행동이 다릅니다. 일상에서 유해환경이나 자극 요소를 눈에 띄지 않게 정리하는 것이 효과적인 이유입니다.

둘째, 의도적으로 다른 일에 주의를 돌리는 것입니다. '코끼리는 생각하지 마'라는 지시는 오히려 더욱 그 생각을 피할 수 없게 만듭니다. 인내심의 한계를 시험한다는 대결 자세가 아닌, 주의를 돌려서 다른 생각이나 일에 집중하는 방법입니다. 유혹에 대한 인내심이 강하고 집중력이 높은 사람은 알고 보면 주의와 생각을 다른 곳으로 돌릴 줄 아는 사람입니다.

셋째, 바람직한 행동을 이끌어내려면 평소에 신뢰 환경을 만드는 것이 중요합니다. 마시멜로의 유혹을 견딘 행위는 더 큰 보상을 위해 눈앞의 작은 보상을 미룬 행위입니다. 누구나 두 개가 한 개보다 큰 보상이라는 것을 알지만, 평소 신뢰와 권위를 지닌 어른이 목표와 보상을 제시했을 때와 그렇지 못한 사람이 이를 제시했을 때는 동기부여 수준이 다릅니다.

'소확행'과 '욜로', 만족을 지연시키지 못하는 세대

만족지연 능력은 눈앞의 욕구 충족 대신 멀리 내다보고 더 큰 만족을 추구하는 태도로, 장기적인 성취를 가능하게 하는 성공의 핵심요소입니다. 하지만 네 살 때 드러나는 인내심만으로 설명해서는 안 된다는 것을 마시멜로 후속 실험은 알려줍니다. 인내심에는 다양한 사회적 환경과 아이의 경험이 작용합니다. 성장하면서 아이들은 각자 고유한 경험을 하며 의지력과 만족지연 능력을 학습하게 됩니다. 청소년기에 품는 미래에 대한 꿈과 이상, 교우관계, 자아관 등은 인생에 중대한 영향을 끼치지만 네 살 때 마시멜로 테스트에서 측정할 수 없는 영역입니다.

'소확행'과 '욜로yolo'란 단어가 최근 젊은 세대의 라이프스타일을 반영하는 단어로 떠올랐습니다. 소확행은 '소소하지만 확실한 행복'의 준말로, 옷장 서랍 가득 반듯하게 접힌 속옷, 자신의 취향대로 내린 커피처럼 일상에서 맛보는 작지만 단단한 기쁨을 말합니다. 욜로는 '인생은 한 번뿐you only live once'이라는 문장의 단축어로 현재를 즐기며 살아가려는 태도를 뜻합니다. 즉 오랜 기간 준비해야 하는 커다란 이상을 추구하느라 모든 것을 유예하는 삶이 아니라, 일상과 주변에서 당장 누릴 수 있는 행복과 작은 기쁨의 가치를 일깨우는 단어들입니다.

젊은 세대의 소확행과 욜로 현상에는 격차 확대라는 사회문제가 주요하게 반영돼 있습니다. 부모 세대처럼 미래의 풍요로움과 성공을 위해 허리띠를 졸라매는 행위가 더 이상 합리적이지 않은 세상이 되었습니다. 아무리 절약하고 저축해도 수억 원 넘는 대도시의 번듯

한 아파트나 고급 승용차를 자력으로 장만한다는 것이 불가능해 보이는 데 대한 반응이기도 합니다. 마시멜로 테스트에서 비신뢰 환경을 경험한 아이들이 당장의 욕구 충족을 선택한 현상과 유사합니다. 1960~1970년대에 태어난 중장년 세대와 2000년대 이후 출생한 청년 세대가 각기 다른 만족지연 능력을 보이는 현상은 시대와 사회환경의 영향으로 설명해야 합니다.

디지털 세상에서 인내심 갖기

디지털 세상은 만족을 지연시키기 더욱 어렵게 만들고 있습니다. 디지털과 통신 기술은 기다림이 필수적이던 일들을 실시간 진행되는 과정으로 변화시키기 때문입니다. 인터넷과 디지털 기기에서 기다림, 즉 속도지연은 중대한 결함입니다. 그래서 디지털서비스 대부분은 기다릴 필요 없이 실행 즉시 결과가 주어지도록 설계됩니다. 내비게이션 안내나 대용량 파일 내려받기처럼 일정한 시간 소요가 필수적인 일도 진행 상태가 실시간으로 제공되어 언제 완료될지 알 수 있습니다. 최종 결과값이 언제, 어떤 형태로 주어질지 상세한 피드백이 제공되지 않는 일들은 디지털환경에서 환영받지 못합니다. 현재 상태에 대한 피드백, 결과에 대한 예상치가 정확하게 주어지지 않으면 '깜깜이' 작업이 되어 외면당합니다. 통신 기술은 과거에 비할 수 없이 빠른데도 3G, 4G, 5G로 점점 더 초고속으로 발전합니다. 이미 4G 이동통신이 충분히 빠르지만, 5G의 핵심목표는 통신 이용에서 기다림과 지연시간을 아예 없애는 것입니다.

더글러스 러시코프Douglas Rushkoff는 저서 《현재의 충격*Present Shock: When Everything Happens Now*》에서 디지털 세상의 특징은 실시간 기술로 인해 현재를 중심으로 현실의 모든 것이 재배치된다는 점이라고 지적했습니다. 한 미래학회에서는 디지털 기술의 영향으로 2030년이면 아예 기다림이라는 단어와 경험이 사라질 것이라고 예측하기도 했습니다.[30] 대부분 실시간으로 진행되고 피드백이 주어지는 디지털 환경에서 인내심은 점점 희소해지고 있습니다.

인내를 가능하게 하는 기다림은 인간만의 탁월한 능력이자 특징입니다. 다른 동물들도 먹이와 짝짓기, 사냥감을 기다리지만, 기본적으로 눈앞의 목표를 향한 본능적 욕구 충족 행위입니다. 사람만이 먼 미래를 위해 기다릴 수 있으며, 눈앞의 목표 아닌 것을 생각하며 오랜 시간을 견딜 수 있습니다. 즉 눈에 보이지 않는 것을 상상하고 믿으며 기다릴 수 있는 능력이 인간을 탁월한 존재로 만든 특성입니다.

견물생심見物生心이라는 말처럼, 눈에 보이면 마음이 동하는 것이 당연합니다. 그러나 사람은 이러한 동물적 본능을 제어하기 위해 다양한 전략을 활용하며 기다릴 수 있는 존재입니다. 과연 어떤 전략을 활용하고 있을까요?

내 의지대로 내 마음 사용하는 법

마시멜로 테스트와 후속 연구는 만족지연 능력에 환경과 교육의 효과가 크다는 사실을 일깨웁니다. 사람마다 제각각인 인내력 또는 만족지연 능력은 천성과 환경이라는 두 변수가 얽혀 있지만, 중요한 요소가 하나 더 있습니다. 개인의 의지와 선택입니다. 사람마다 기질과 환경이 '주어진' 변수라면, 인생에서 더 중요한 '만들어가는' 변수는 의지입니다. 자기통제self control 능력(자제력)은 세상을 바라보는 태도, 마음가짐 또는 의지력과도 연결되는 능력입니다. 마음 사용법이라고 말할 수 있습니다.

그래서 자기통제 능력을 키우는 방법도 크게 두 가지로 구분됩니다. 하나는 구체적이고 직접적인 방법으로, 환경을 통제하고 개인의 습관을 만드는 '습관의 힘' 전략입니다. 또 다른 하나는 자신의 내면과 본능에 대한 성찰을 통한 '마음의 힘' 전략입니다.

'습관의 힘' 전략

우리의 행동은 어떤 습관을 형성했느냐에 따라 달라집니다. 인간 행동을 연구한 학자들에 따르면, 인간을 움직이는 것은 본능이나 의지만이 아닙니다. 반복된 경험과 학습을 통해 형성한 습관은 무의식적 행동을 만들어내고, 어떤 행동을 특별히 쉽게 또는 어렵게 여기게 만듭니다. 습관은 처음에는 의식적인 선택이지만, 시간이 지난 뒤에는 무의식적으로 자동반복하는 선택입니다. 2006년 미국 듀크대 연구결과, 우리 일상행동의 40%는 의사결정의 결과가 아니라 습관 때문이었습니다.[31] 미국의 심리학자 윌리엄 제임스William James는 "우리 삶은 습관 덩어리"라고 말합니다.[32] 습관은 개인의 생애와 세상을 보는 관점에 큰 영향을 끼치는 강력한 힘입니다.

문제는 우리 뇌가 좋은 습관과 나쁜 습관을 구분하지 못하기 때문에 나쁜 습관도 항상 우리 머릿속에 숨어 있으면서 적절한 신호와 보상이 주어지기를 기다린다는 점입니다. 반대로 다행인 것은 습관은 노력하기에 따라서 얼마든지 만들 수 있다는 점입니다.

《습관의 힘*The Power of Habit*》의 저자 찰스 두히그Charles Duhigg는 좋은 습관을 만들기 위한 네 가지 전략을 제시합니다. 첫째, 반복적인 행동을 찾는 것입니다. 자신의 행동을 주의 깊게 관찰해 무의식적이고 습관적으로 반복하는 행동을 찾아야 합니다. 반복적인 행동을 찾아낼 때 그 행동이 자신에게 어떠한 긍정적 혹은 부정적 영향을 끼치는지 알 수 있고, 훈련 대상으로 삼아 변형시킬 수 있습니다.

두 번째, 다양한 보상으로 실험해보는 방법입니다. 자신이 어떠한 보상체계에 반응하는지를 알아보기 위해서 자신을 상대로 다양한 방식의 보상을 제시하며 실험하는 것입니다. 주간 목표걸음 수를 채웠거나, 상반기 독서목표를 달성했을 때 스스로에게 맛있는 식사나 여행을 선물하는 방식입니다. 이 과정을 통해서 자신의 반복행동을 이끌어내는 보상이 무엇인지를 알아낼 수 있습니다.

세 번째는 심리학의 원리에 따라 습관을 형성하도록, 단순하지만 확실한 신호를 찾거나 만드는 방법입니다. 샴푸의 거품은 세정력과 무관합니다. 양치질을 한다고 치아에서 '뽀드득' 소리가 나진 않습니다. 하지만 프라그 제거 효과를 소리로 나타내고, 샴푸할 때 세정력을 거품으로 묘사한 광고 전략 이후 제품 사용에 분명한 신호가 생겼습니다. 사용자들이 이 신호를 통해 양치질과 샴푸가 효과적이라고 체감하게 되자, 모두의 일상 습관으로 자리 잡게 되었습니다.

네 번째는 분명한 계획을 세우는 것입니다. 자신의 무의식적 습관을 파악하고 보상과 신호라는 습관 작동고리를 확인한 뒤에는 새로운 습관을 형성하기 위한 구체적인 행동 계획을 세워야 합니다. 새로운 습관은 단번에 형성되지 않습니다. 시행착오를 거듭하면서 반복적으로 시행할 때 가능합니다.

습관과 함께 실제로 활용할 수 있는 구체적인 지식과 역량을 갖추고 있을 때 우리는 자신을 원하는 방향으로 통제할 수 있습니다. 주어진 문제를 해결해야 하는 상황에서 그에 필요한 구체적 지식과 역량을 갖춘 사람은 문제를 풀 수 있다는 자신감을 갖고 일을 처리할 수 있습니다. 학업에 있어서도 비슷합니다. 적잖은 수험생들이 입시를 앞두고 수학 과목을 포기해 '수포자'로 시험을 치르곤 합니다. 그런데 수학을 포기하는 학생들의 원인을 살펴보면 수학을 못해서라기보다 기본적인 문해력과 지력 부족인 경우가 많습니다. 특히 수학은 각 영역이 서로 연결되어 있는 누적적 학문이기 때문에 저학년 과정을 이해하지 못하면 다음 단계로 나아가기 어려운 구조입니다. 또한 수능시험 문제는 단순한 연산과 요령으로 풀 수 있는 게 아니고 복합적인 정보처리 능력을 요구합니다. 수학 과목에 대해서 자신감과 자기통제 능력을 갖추는 방법은 알고 보면 구체적인 지식과 실력을 필요로 합니다. 해당 영역의 정보와 기술을 갖추고 있을 때 상황을 장악하고 통제할 수 있습니다.

'마음의 힘' 전략

'마음의 힘' 전략은 자신을 들여다보는 성찰적인 방법입니다. 자신의 특성을 잘 살펴서 파악하는 것이 자기통제력의 출발점입니다. 사람마다 타고난 능력과 성향이 모두 제각각인데, 누군가를 기준으로 삼고 "나도 그처럼 인내하겠다"라는 목표를 세우면 위험하고 불행한 결과로 이어질 수 있습니다.

산소통 없이 바닷속에서 해산물을 채취하는 제주 해녀는 숨 길이에 따라 상군, 중군, 하군으로 분류됩니다. 상군은 깊은 바다에서, 하군은 얕은 바다에서 물질을 합니다. 전복 같은 값진 해산물은 깊은 바다로 들어가야 수확할 수 있습니다.

제주 해녀학교에서 제일 먼저 가르치는 것이 자신의 숨 길이를 아는 법입니다. 해녀에게 가장 위험한 상황은 바닷속에서 바위에 붙어 있는 값나가는 해산물을 발견할 때입니다. 조금 더 작업하려는 욕심이 생겨 물 밖으로 나가야 할 때를 놓치면, 금세 생명이 위험해지기 때문입니다. 해녀학교에서 제일 먼저 자신의 숨 길이를 알도록 가르치는 이유입니다. 그런데 숨 길이는 타고나는 것이어서 해녀 경력이 쌓이고 노력한다고 하군 해녀가 상군 해녀가 되지는 않습니다.

자신을 원하는 방향으로 이끌고 통제하려면 무엇보다 자신에 대해 알아야 합니다. 해녀들처럼 자신의 숨 길이, 즉 자신의 한계를 알아야 합니다. 사람마다 숨의 길이가 모두 다른데, '인내의 열매는 달다'며 성공을 위해 무조건 견디고 참아야 한다고 가르치면 어떻게 될까요? 자신의 한계를 모르는 상태에서 무조건 인내한 결과는 성공이 아니라 불행 또는 비극입니다.

사회학자 엄기호는 "한계는 극복의 대상이 아니라 다룸의 대상이고 자신의 한계를 아는 것은 슬픔이 아닌 기쁨"이라고 말합니다.[33] 하지만 한계를 인정한다는 것이 능력과 목표에 미리 선을 그어놓고 노력을 포기하는 것을 의미하지는 않습니다. 오히려 숨 길이를 아는 해녀처럼 자신에게 주어진 능력, 자신이 가진 재능 안에서 이를 잘 다룰 줄 아는 것을 의미합니다. 자신이 지닌 능력을 자유자재로 다루는 것은 아름다움과 행복감의 경험입니다. 그리고 자신의 한계를 알 때라야 비로소 자신을 능수능란하게 다루는 탁월함과 행복감에 도달할 수 있습니다. 탁월한 전문가는 가장 뛰어난 능력을 타고난 사람이 아니라, 자신이 지닌 능력을 가장 잘 다룰 줄 아는 사람입니다.

욕망의 노예가 되지 않으려면

자신의 몸과 마음을 의도하는 대로 사용하는 방법, 즉 자기통제 능력은 무엇보다 획득하기 어려운 인간 능력입니다. 가장 다스리기 어려운 것이 자신의 마음이고, 모든 종교의 가르침과 수행도 본질은 마음공부입니다. 공자는 나이 일흔이 되니 마음 가는 대로 움직여도 거리낌이 없음을 '종심소욕 불유구 從心所欲 不踰矩'라고 표현했습니다. 공자의 말은 역설적으로 마음 다스리기가 그만큼 어렵다는 것을 알려줍니다. 성인도 평생을 공부하고 수련한 뒤에야 비로소 마음을 다스릴 수 있게 되었다는 말이니까요.

자신을 다스리는 방법을 알기 위해서는 내면으로 들어가 자신을 발견하는 것이 무엇보다 중요합니다. 우리 마음은 다양한 욕망에 의해 자신도 모르게 저절로 움직이는데, 자아발견이란 자신이 어떤 힘에 의해 움직이는지 그 원인과 동기를 파악하는 일인 셈입니다.

움직이는 물체를 만들고 조작하려면 먼저 힘의 작동원리를 이해해야 합니다. 그중에서도 가장 강력하고 피할 수 없는 힘을 알아야 합니다. 지구상 모든 물체는 중력의 영향을 받습니다. 중력을 외면하거나 무시한다고 해서 중력의 영향을 벗어날 수 없습니다. 중력을 다스리는 방법은 중력을 피할 수 없음(한계)을 인정하고 그 원리와 구조를 이해할 때 비로소 가능합니다. 아이작 뉴턴이 중력을 발견한 이후 중력의 구조를 이해할 수 있게 되자, 인류는 마침내 중력의 영향 속에서 하늘을 날고 우주선을 쏘아 올리는 수준까지 도달하게 되었습니다.

중력처럼 자신에게 커다란 영향을 끼치는 힘의 존재를 자각할 때 비로소 그 힘의 영향으로부터 자유로울 수 있고, 그 힘을 이용해 더 나은 것을 도모할 수 있습니다. 우리를 움직이는 가장 커다란 힘이 바로 각자의 마음이고 그 마음은 숱한 욕망에 의해 작동한다는 사실을 이해하는 것이 만족지연 능력, 자기통제 능력의 출발점입니다.

누구나 인생에서 쓸 수 있는 유일한 도구이자 최선의 도구는 각자 자신뿐입니다. 자신을 다스릴 줄 아는 사람은 자신이 지닌 최선의 도구를 사용하는 법을 알게 되는 것입니다. 본능과 습관만이 아니라 마음도 몸을 움직입니다. 내가 내 마음대로 언제나 사용할 수 있는 도구는 궁극적으로 나의 마음뿐이라는 결론에 이릅니다. 보이지도 않고 나만 갖고 있는 것도 아니지만 각자의 마음은 모든 차이를 만들어내는 가장 강력한 도구이자 힘입니다.

행복의 일곱 가지 요소

누구나 몸과 마음을 갖고 태어난다는 점에서 동일합니다. 물론 타고난 외모, 체력, 지능, 정서에서 사람마다 차이가 있지만, 저마다 다른 곡절과 의미의 인생을 살게 되는 것은 타고난 것에 좌우되지 않습니다. 인생에서 가장 큰 차이는 자신이 가진 것, 자신의 마음을 얼마나 잘 다스릴 줄 아느냐에 따라 결정됩니다.

최고의 성공은 행복한 인생입니다. 한 사람의 인생을 행복하게 만들고 또 불행하게 만드는 요인은 무엇일까요? 이는 모든 사람의 근본적 물음입니다. 행복이란 잔에 반쯤 담긴 물을 어떻게 바라보는가에 좌우되는, 마음먹기에 달린 주관적인 것이라는 견해도 있습니다. 그런데 여기 모두가 알아야 할 인간 성장과 행복에 관한 기념비적 연구 결과가 있습니다.

하버드의대 정신과 교수인 조지 베일런트George Vaillant는 무엇이 인생의 행복을 좌우하는지 규명하기 위해 70년 넘게 걸리는 세계 최장기 종단연구 프로젝트를 진행했습니다. 1930년 말 하버드대 2학년생이던 268명, 보통의 남성 456명, 여성 천재 90명 등 814명의 인생을 10대 때부터 죽을 때까지 평생에 걸쳐 조사하고 분석했습니다.[34)]

베일런트 교수가 하버드대 성인발달연구를 통해 제시하는 행복의 조건은 일곱 가지입니다. 한 개인이 건강하고 행복한 노년을 살 것인지 여부는 50세 이전에 이 일곱 가지 요소를 얼마나 갖추었는가를 기준으로 거의 정확하게 예견할 수 있다는 것이 연구의 결론입니다.

■ 베일런트 교수가 제시한 행복의 일곱 가지 요소

1. 고통과 어려움에 대처하는 태도
2. 교육기간(평생학습)
3. 안정적인 결혼생활
4. 비흡연
5. 적절한 음주
6. 규칙적 운동
7. 적정 체중

중요한 것은 부, 건강, 학벌, 지능, 가정환경 등 그 어떠한 외부 조건도 행복을 예측하는 지표와 데이터로 기능하지 못했다는 점입니다. 행복은 유전자나 운명에 달린 것이 아니었습니다. 오히려 행복의 일곱 가지 요소는 개인이 마음먹고 노력하기에 따라서 얼마든지 통제할 수 있는 것들입니다.

베일런트 교수는 다양한 연구 대상자들이 살아온 인생을 기록하고 평가했습니다. 하버드대학 졸업장도, 높은 지능지수와 막대한 재산도 행복을 담보하지 못했습니다. 보고서에는 모든 것을 갖추고도 불행의 나락으로 떨어진 사람들과 온갖 역경과 불행을 딛고 넘치는 행복에 도달한 사람들의 생생한 사례가 가득합니다. 어릴 적 부모의 학대와 가난, 치명적 질병도 행복과 불행을 결정하는 요인이 되지 못했습니다.

비슷한 환경과 경험도 그것을 받아들이는 사람에 따라서 서로 다른 결과로 나타났습니다. 베일런트 교수는 고통에 대처하는 태도에 따라서 행복과 불행이 갈린 사례를 연구를 통해 제시했습니다. 그는 윌리엄 블레이크William Blake의 "기쁨과 비탄은 섬세하게 직조되어 있다"는 시구를 인용하며 '고통의 밝은 뒷면'을 강조합니다. 고통에 대처하는 태도와 마음가짐이야말로 쇳조각을 금으로 바꾸는 인생의 연금술입니다.

죽음의 수용소 생존자가 말하는 삶의 비밀

고통에 대처하는 태도를 심리학적 용어로 바꿔 말하면, 지크문트 프로이트Sigmund Freud의 딸인 안나 프로이트Anna Freud가 개념화한 '무의식적 방어기제'입니다. 자신에게 닥친 고통의 많고 적음이 아니라, 그 고통을 어떻게 받아들이고 대처하는가에 따라 인생은 완전히 달라집니다. 무의식적 방어기제란 고통이나 갈등, 불확실성을 만날 때 스스로 인정하는가 부정하는가에 따라서 달라지는 무의식적인 생각과 행동을 의미합니다.

빅터 프랭클Viktor Frankl 박사는 유대인으로 2차 세계대전 당시 나치 아우슈비츠 수용소에서 부모와 형제, 아내, 딸을 모두 잃고 그 자신도 3년 넘게 수감되어 죽음과 극한의 고통을 경험한 정신과 의사입니다. 그가 생환한 뒤 수용소에서의 삶과 생존 비결을 담아 펴낸 저서 《죽음의 수용소에서*Man's Search for Meaning*》는 세계적 베스트셀러가 되었고, 수용소 경험을 기반으로 창시한 로고테라피logotherapy, 즉 의미치료는 정신분석학에서 주목받는 한 분과를 형성하게 되었습니다.

수용소에 수감된 유대인 대부분은 궁핍과 허기, 추위 속에서 차마 사람의 삶이라고 말할 수 없는 비참한 생존을 이어가다 가스실에서 죽음을 맞았지만, 프랭클처럼 비극 속에서 살아남은 사람들도 있었습니다. 나치는 건강 상태가 나쁜 수감자부터 처형했습니다. 프랭클은 수용소에서 절망에 빠진 사람들은 얼마 못 가서 죽음에 이르렀지만, 극한 상황에서도 삶의 의미를 끊임없이 추구한 사람들은 의욕과 희망을 잃지 않았고 그 덕에 생존하는 경우가 많았다고 증언했습니다. 프랭클 자신도 수용소 생활 중 하루 한 컵 배급되는 물을 반만 마시고 남겨 깨진 유리조각으로 날마다 면도하는 것을 거르지 않았으며, 혈색이 나빠 보이지 않은 덕분에 가스실 행을 마지막까지 피할 수 있었습니다. 삶과 죽음을 가른 것은 저항할 수 없는 외부환경만이 아니었습니다. 극한 상황에서 살아남은 사람들의 공통점은 아무런 가능성도 기대할 수 없는 비참하고 절망적인 상황에서도 끝까지 인간의 존엄함을 지켰다는 점이었습니다.

관건은 바로 외부 세계를 바라보는 각자의 태도였습니다. 오스트리아 빈에 있는 빅터 프랭클 박물관에는 그가 남긴 글들이 전시돼 있습니다.

"생존조건에서 나는 전혀 자유롭지 못하다. 하지만 내가 그 조건에 대해 태도를 취할 수 있다는 점에서 나는 자유롭다."

프랭클은 자극이 반응으로 바로 연결되는 게 아니라 그 사이에 우리가 태도를 결정할 수 있는 공간이 있다고 말합니다. 아무런 선택과 자유도 주어지지 않는 극한 상황에서라도 사람은 여전히 그 상황에 대한 태도를 결정할 수 있는 자유를 갖고 있습니다. 그리고 상황에 굴복하지 않고 그에 대한 태도를 결정할 수 있다는 점에서 사람은 진정으로 존엄한 존재입니다. 프랭클이 수많은 사람을 감동시킨 메시지의 본질입니다.

마시멜로 테스트의 핵심도, 하버드 성인발달연구의 본질도, 소크라테스와 부처의 가르침도 빅터 프랭클의 경험과 동일한 메시지를 전합니다. 외부환경이 어떻든 마음이라는 마법의 변환장치를 거치면 쇠붙이도 금으로 변화할 수 있다는 것입니다. 행복한 삶을 위해서는 무엇보다 마음을 다스리는 일이 중요합니다.

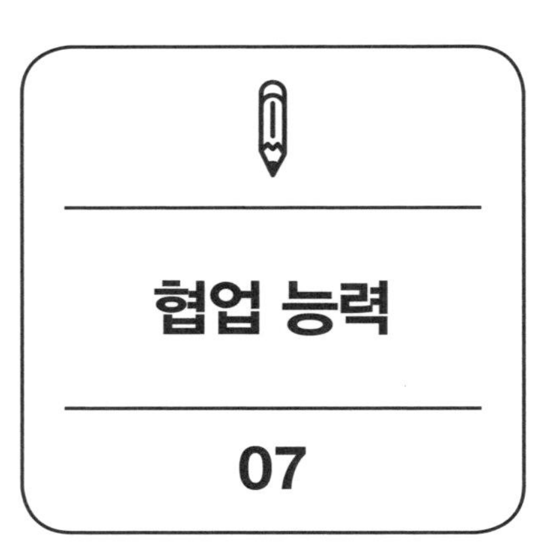

구글이 인사 데이터 분석을 통해 발견한 것

구글의 독특한 인사관리는 경쟁력의 원천으로 알려져 있습니다. 2011년 구글은 1998년 기업 설립 이후 15년간 누적된 모든 직원의 입사·퇴사·승진 데이터를 분석해 기존의 채용과 인사 원칙을 재검토하는 '옥시전 프로젝트'를 진행했습니다.[35] 분석 결과 구글 구성원들이 동의하는 '리더의 여덟 가지 핵심 자질'에 대한 생각이 도출되었습니다. 그 결과 앞에서 직원들은 충격을 받았습니다. 리더가 지녀야 할 자질 중 직무 능력에 해당하는 이른바 과학·기술·공학·수학(스템)

분야의 전문성은 마지막인 여덟 번째를 기록했고, 그 밖의 사회적 능력이 더 중요한 것으로 나타났기 때문입니다.

■ 구글 리더가 지녀야 할 여덟 가지 자질

1. 좋은 코치 되기
2. 직원 세부통제(마이크로매니징) 하지 않기
3. 직원들의 성공과 삶에 대한 관심 표현
4. 생산성과 결과 지향
5. 소통과 경청
6. 직원들의 경력 개발 지원
7. 팀의 목표와 전략을 명확히 제시
8. 과학·기술·공학·수학(스템) 분야의 전문성

2016년 구글은 다시 사내에서 창의성과 생산성이 뛰어난 팀을 분석한 '아리스토텔레스 프로젝트'를 공개했습니다.[36] 최고 과학자들로 구성된 A팀, 최고가 아닌 팀원들로 구성된 B팀을 비교했는데 이번에도 뜻밖의 결과가 나왔습니다. B팀들이 A팀들에 비해서 훨씬 중요하고 생산성 높은 아이디어를 만들어냈던 것입니다. 가장 뛰어난 팀들은 공통적으로 평등, 관대함, 동료 팀원의 아이디어에 대한 호기심,

공감 능력을 갖추었고, 특히 정서적으로 안정되고 '왕따' 문화가 없다고 밝혀졌습니다.

한국직업능력개발원이 2017년 발표한 〈지능정보기술 확산과 숙련 수요의 변화〉 연구보고서에서도 비슷한 결과가 나타났습니다. 연구진은 산업현장에서 중요한 직무 역량의 비중에 대해 인공지능이 부상하기 전인 2002년과 알파고 쇼크 뒤인 2016년을 기준으로 비교해 보았습니다. 그 결과 설득력, 협상력, 사회적 공감 능력이 각각 상승률 1, 2, 3위를 차지했습니다. 모두 협업과 소통 능력이 핵심인 사회적 역량입니다. 대신 수학적 문제풀이 능력, 과학적 문제해결력, 장비운행 및 통제 역량 등은 오히려 중요도가 떨어졌습니다. 수리·과학 능력은 이제 컴퓨터와 인공지능이 사람보다 더 뛰어나기 때문입니다.

직장에서 협업과 소통 능력은 이전에도 중요했지만, 인공지능 시대에는 더욱 중요한 핵심 능력임이 속속 입증되고 있습니다. 단순히 지식을 암기하고 기술과 도구를 활용할 줄 아는 능력이 아니라, 기계가 흉내 낼 수 없는 사람만의 능력이 중요해지고 있습니다. 그것이 바로 사회적 능력입니다.

함께하면 더 강해지는 사람들

영국 옥스퍼드대학의 진화생물학자 로빈 던바Robin Dunbar는 영장류 두뇌의 크기는 해당 생명체가 이루는 집단의 규모와 관계의 복잡성에 비례한다고 주장합니다.[37] 사람이 사고를 담당하는 대뇌 신피질이 가장 크고 발달한 생명체라는 점은 가장 복잡하고 다양한 사회적 관계를 형성하며 살아가기 때문이라는 설명입니다.

미국 미주리 주의 세인트루이스 워싱턴대 의대 뇌과학자 마커스 라이클Marcus Raichle은 2001년 인간 두뇌 속 디폴트 모드 네트워크default mode network의 존재를 밝혀냈습니다. 디폴트 모드 네트워크는 우리가 인지활동을 하지 않고 아무 생각 없이 가만히 쉬고 있을 때에도 활성화되는 뇌의 특정 영역입니다. 라이클 교수는 뇌의 디폴트 모드 네트워크가 인간의 자아성찰, 사회성과 감정의 처리, 창의성을 지원하는 두뇌 회로임을 밝혀냈습니다.[38] 우리가 인지활동을 쉬고 있을 때도 뇌는 열심히 활동하는데, 대부분 자아성찰과 사회성 인지에 할당된다는 뜻입니다. 실제로 우리가 평소 머릿속에서 생각하는 내용 대부분은 수학적·과학적 연산이나 추리가 아니라 사회적 관계에 관한 것입니다. 우리가 일상에서 나누는 대화 내용의 70%는 잡담과 수다, 나와 남에 관한 사회적 성격을 띠고 있습니다.[39]

유발 하라리는 세계적 베스트셀러 《사피엔스》에서 수많은 유인원 중 한 종에 불과했던 호모 사피엔스가 지구 생태계를 지배하는 탁월한 생명체가 된 이유를 바로 이 사회적 소통 능력으로 설명합니다. 침팬지나 돌고래 등 군집생활을 하며 어느 정도 의사소통을 하는 생명체들이 더러 있지만 사람처럼 정교한 의사소통을 하는 생명체는 없습니다. 사람은 언어로 국가나 종교, 사상 같은 상징과 목표를 만들어내고 그 깃발 아래 수만 명에서 수억 명까지 집단적으로 움직일 수 있는 생명체입니다.[40] 사회성을 연구하는 미국의 심리학자 매튜 리버먼Matthew Lieberman은 《사회적 뇌*Social*》에서 호모 사피엔스가 지배적인 종이 된 배경은 추상적 사고 능력이 아니라 사회적 사고 능력이라고 단언합니다.

사회적 동물인 인간에게 사회성은 인류 역사 초창기부터 가장 핵심적인 능력이었고, 역사 이래 사회성이 중요하지 않았던 적은 한 번도 없습니다. 그러나 미래에 인간의 소통과 협업 능력은 이전보다 훨씬 더 중요해집니다. 이전과 다른 두 가지 요인 때문입니다. 첫째, 사람이 해결해야 할 문제가 과거에 비해 훨씬 복잡해졌습니다. 둘째, 디지털 환경에서 사람의 공감 능력이 점점 희소해지고 있다는 점입니다.

'복잡한 문제'는 혼자 풀 수 없다

인류는 인지적 자원을 아껴서 위급한 상황에 대비하고 고급한 지적 활동에 사용하며 문명과 생활을 향상시켜왔습니다. 예측되지 않는 미래에 대한 불확실성과 불안을 감소시키기 위해 개념과 범주화를 통한 추상적 사고, 인과법칙에 기반한 논리적 사고를 발달시켜왔습니다. 마침내 인간은 컴퓨터와 인공지능을 개발해 사람보다 더 정확하게 인지하고 계산하고 처리하는 도구를 사용하게 되었습니다. 인공지능은 사람이 일일이 지시하지 않아도 방대한 자료를 분석해 스스로 규칙성과 노하우를 찾아내는 심화학습(딥러닝) 능력까지 갖추게 되었습니다. 학습 능력을 갖춘 인공지능이 퀴즈대회, 체스, 바둑, 번역, 포커, 펀드 투자, 질병 진단과 치료법 추천 등 점점 더 많은 영역에서 인간 전문가의 실력을 뛰어넘었다는 뉴스가 이어지고 있습니다.

인간은 강력한 지적 도구 덕분에 자연 상태의 불안과 불확실성을 감소시키고, 사람들이 수행해오던 일을 기계에 위임할 수 있게 되었습니다. 그 결과 인공지능 시대 사람의 일은 기계에 위임할 수 없는 영역만 남게 됩니다. 바로 통제할 수 없는 수많은 변수들로 구성돼 결과를 예측할 수 없는 복잡성의 영역이지요.

1970년 4월 달착륙을 목표로 발사된 미국의 우주선 아폴로 13호는 비행 사흘 만에 산소탱크가 폭발하는 절체절명의 위기에 직면했습니다. 3인의 우주비행사는 우주선에서 이산화탄소 중독이라는 치명적 상황에 처했습니다. 우주비행사들은 만약의 상황에 대비해 수많은 훈련을 받고 탐사에 나서지만, 산소탱크 폭발 같은 비상사태까지 예상하고 대비한 것은 아니었습니다. 우주비행사들의 생존을 위해서 이산화탄소 제거필터를 가동시켜야 하는데 활용가능한 사각형 필터가 원통형 기기에 맞지 않는다는 게 문제였습니다. 이때 해결방법을 찾아낸 것이 나사 컨트롤센터였습니다. 나사의 수많은 직원들이 우주선 안에서 사용가능한 모든 물품을 갖고 밤새 실험한 결과, 마침내 양말, 테이프, 책자를 이용한 임시방편을 찾아냈습니다. 컨트롤센터에서 근무하는 수많은 사람들의 지혜와 시도가 비상상황에서 생존방법을 발견했고, 우주비행사들은 지구로 무사귀환할 수 있었습니다.

아폴로 13호의 경우가 아니더라도, 오늘날 직장과 사회에서 우리가 부닥치는 대부분의 문제는 한 사람의 지식과 능력으로 처리할 수 없는 복합적인 문제입니다. 지난 시절에는 특정 분야의 전문지식을 갖추면 안정적 직업을 유지할 수 있었습니다. 하지만 정보가 폭발적으로 증가한 오늘날 복잡한 문제를 처리할 수 있는 지식과 능력을 혼자서 갖추기란 거의 불가능합니다. 문제해결에 필요한 모든 지식과 기술을 누구도 혼자서 충분히 습득할 수 없습니다. 그래서 융·복합 과제와 학제 간 연구의 가치가 갈수록 중요해지고 있습니다. 다른 배경과 관점을 지닌 사람들과 소통하고 협업할 때 혼자만의 관점과 지식으로 해결할 수 없던 복합적 문제를 해결할 수 있습니다. 이는 언제나 기술과 인문학의 교차로를 지향한 스티브 잡스의 경영철학과도 통하는 지점이지요.

애플은 왜 도넛 모양의 사옥을 지었을까?

그렇다면 어떻게 하면 협업 능력을 키울 수 있을까요? 협업 능력은 '협력이 중요하다'는 구호를 외친다고 길러지지 않습니다. 교실이

그림9 도넛 모양의 애플 본사

나 사무실 같은 일상적 공간에서 특별히 의식하지 않아도 자연스럽게 만남과 소통, 협력이 필수적으로 일어나게 만드는 것이 중요합니다. 우연한 만남과 소통이 활발해지도록 공간을 설계하고, 다른 업무 영역의 사람들과 공식·비공식적 만남이 활성화되도록 동아리와 같은 모임을 지원하는 것도 효과가 있습니다.

2017년 완공된 미국 실리콘밸리의 애플 본사 사옥인 '애플 파크'는 도넛 모양입니다. 중앙은 건물이 아니라 거대한 정원입니다. 컴퍼스로 그린 원처럼 중심부터 가장자리까지의 거리가 어디에서나 동일합니다. 건물에 있는 사람 누구에게나 같은 거리에 있는 정원에서 우연한 만남이 이뤄지도록 설계한 것이지요. 이 사옥은 2012년 숨진 스티브 잡스가 죽기 직전까지 정성을 쏟아, 잡스의 마지막 작품으로 불립니다.

애니메이션 제작사 픽사의 설립자이기도 한 잡스는 1998년 픽사의 사옥을 지을 때도 독특한 건축 철학을 구현했습니다. 애초 설계에서 계획했던 여러 개의 독립된 건물군 대신 하나의 커다란 건물을 짓기로 했습니다. 건물 내부에는 남녀 화장실 4개, 회의실 8개, 카페, 식당을 모두 거대한 중앙 로비에 몰아넣었습니다. 동선은 길어지지만 전 직원이 수시로 마주칠 수밖에 없도록 해 자연히 직원들 사이에 의도하지 않은 만남이 이뤄지길 기대한 것이지요. 잡스는 창의성이 사람들 간의 의도하지 않은 만남을 통해서 피어난다고 믿었습니다. 픽사도, 애플도 창의성으로 성공한 대표 기업입니다.

IBM은 수십 년 전부터 정보통신기술을 활용한 원격근무를 도입하고 확산시켜온 대표 기업입니다. 원격근무는 사무실 유지비, 교통비가 필요 없다는 효율성을 내세웠습니다. 2009년에는 직원 38만 6,000명 중 40%가 재택근무 등의 형태로 원격근무를 했습니다. 그런데 IBM은 2017년부터 방침을 바꿔 모든 직원들에게 사무실로 출근하라고 요구했습니다. 야후의 CEO 마리사 메이어Marissa Mayer도 2014년부터 직원들의 원격근무를 금지했습니다. 야후는 "복도와 구내식당에서 벌어지는 토론이 최선의 깨달음으로 이어진다"고 취지를 설명했습니다.

페이스북의 사옥은 회의실, 화장실, 식당 등을 빼고는 아예 '방'이 없습니다. 페이스북 최고경영자 마크 저커버그Mark Zuckerberg도 다른 직원 수천여 명과 똑같이 칸막이 하나 없이 열린 공간에서 책상 하나만 두고 함께 일합니다. 또 간식과 다양한 메뉴의 식사를 무료로 제공하고, 안마 서비스 같은 사내 복지를 마련해 부러움을 사고 있습니다. 정보기술 기업들이 이런 사내 복지에 투자하는 목적은 직원들이 최대한 사무실을 떠나지 않고 오래 머물면서 다양하게 소통하도록 하기 위함입니다.

1980~1990년대에는 원격근무가 업무 효율성을 높이는 전략으로 각광받았지만, 인공지능 시대에는 동료와 함께 일하는 협업이 창의성과 혁신의 동력이라는 연구들이 늘고 있습니다.[41] 《몰입*Flow: The Psychology of Optimal Experience*》의 작가 미하이 칙센트미하이Mihaly Csikszentmihalyi는 창의성이 꽃핀 공간으로 전성기의 고대 아테네, 10세기 아랍 도시, 르네상스 시기 피렌체, 15세기 베네치아, 19세기 파리·빈·런던, 20세기 뉴욕을 제시합니다. 이 도시들의 공통점은 "서로 다른 전통의 정보가 교류하고 통합되는 문화의 교차로"였다는 점입니다.[42]

함께 배우는 법을 배워야 한다

OECD의 2012년 PISA 평가에서 우리나라 학생들은 수학 1위, 독해 2위, 과학 4위라는 높은 성취를 보였지만, '협력적 학습' 선호도 조사에서는 꼴찌를 기록했습니다.[43] 대학에서도 팀별 과제를 도입하면 학생들 모두가 불만이라는 게 교수들의 공통된 이야기입니다. 학생들 대다수가 무임승차하는 팀원이나 관계가 좋지 않은 동료 때문에 자신만 손해를 본다는 피해의식에 젖어, 팀별 과업이 제대로 수행되지 못한다고 말합니다. 유난히 한국 대학에서 팀별 과제에 무임승차하는 불성실한 학생들이 많은 것일까요? 그렇지 않을 것입니다. 이는 우리 학교 교육이 협력적 문제해결 능력과 협업의 기본 태도를 가르치지 않고 오로지 개인별 결과 위주로만 평가해왔다는 것을 알려줍니다. 우리의 교육 현실에서 동료란 함께 협력해 문제를 풀어갈 파트너가 아니라, 성적과 학점을 놓고 쟁투를 벌어야 하는 생존경쟁의 상대로 여겨지기 때문입니다.

그러나 협업은 학업 성취에도 효과적인 방법입니다. 다양한 학습법 중에서 가장 효과가 뛰어난 방법은 친구에게 설명해주는 또래 간 모둠학습입니다. 미국의 정신과 의사 윌리엄 글래서William Glasser는 학습방법별 학습 효과를 분석했습니다. 책이나 강의를 통해 배우면 학습내용의 10~20%를 기억하고, 직접 눈으로 보고 들으면 50%, 해당 내용을 주제로 토론을 하면 70%를 기억한다는 연구결과를 얻었습니다. 가장 효과가 높은 학습방법은 배운 내용을 다른 사람에게 가르치는 것인데, 이 경우 학습 효과가 거의 95%에 이릅니다. 친구를 가르쳐주려면 먼저 배운 내용을 스스로 분석해 중요도 위주로 요약하고, 설명하는 과정에서 자신이 분명하게 알고 있는 영역과 모르는 영역을 파악하게 됩니다. 모르는 친구에게 친절하게 설명해주는 것이 나의 공부시간을 뺏기는 시간 낭비가 아닙니다.

우리가 천재로 알고 있는 사람들도 사실은 협업 전문가였습니다. 에디슨의 수많은 발명품은 실험실에 혼자 틀어박혀 만들어낸 것이 아니라 연구실에 70여 명의 전문가와 조수를 고용해 협업한 결과였습니다. 찰스 다윈의 《종의 기원*On the Origin of Species*》은 비글호와 갈라파고스에서의 관찰을 바탕으로 수년에 걸쳐 연구진과 협업하고 수백 차례 동료들과 토론을 거친 결과였습니다. 조선 후기 최고의 실학자 다산 정약용은 18년 동안의 강진 유배생활에서 《목민심서》《경세유표》《흠흠신서》 등 수백 권의 빛나는 저서를 저술했습니다. 다산의 경이로운 집필 실적 배경에는 다산 저작 상당부분이 그가 가르친 24명 제자들과의 공동작업이라 일컬어질 정도로 효율적인 협업체계가 있었습니다.

켄타우로스가 알려주는 미래의 협업

협업의 대상은 사람에 국한되지 않습니다. 앞으로는 기술을 단순한 도구로 여기는 것을 넘어, 협력해야 할 파트너로 여기는 세상이 올 것입니다. 인공지능 기술이 자율적으로 학습하고 판단하는 환경에서 사람과 기계의 관계는 달라집니다. 호모 파베르인 인간은 도구의 주인

그림10 체스 세계챔피언과의 대결에서 승리한 IBM 슈퍼컴퓨터 딥블루

으로서 도구를 만들고 조작하며 사용해왔지만, 앞으로는 인간과 도구의 관계가 더 이상 수직적이지 않게 됩니다. 일부 영역에서 사람의 능력을 뛰어넘는 인공지능은 단순한 도구에서 협력의 파트너로 변화하게 됩니다.

1997년 체스 세계챔피언 가리 카스파로프Garry Kasparov와 IBM 슈퍼컴퓨터 딥블루Deep Blue가 '세기의 체스 대결'을 벌였습니다. 16년 동안 세계챔피언을 지킨 '체스의 신' 카스파로프는 딥블루에 패배하며, 기계에 진 체스챔피언으로 불리게 됐습니다. 인류 대표는 1초에 2억 가지 경우의 수를 검토하는 딥블루를 당할 수 없었습니다. 모두가 인간이 기계에게 완패했다고 생각했지요.

카스파로프는 컴퓨터와 다시 대결해 승리할 방법을 찾는 대신 다른 접근을 시도합니다. 어차피 인간이 체스 컴퓨터를 능가할 수 없다면, 인간과 컴퓨터가 한 팀을 이루어 체스 대결을 한다면 어떻게 될지를 생각한 것입니다. 컴퓨터의 뛰어난 연산 능력과 인간의 직관과 통찰력, 상대의 심리를 읽는 능력을 결합시킨 체스 선수를 상상한 것입니다. 카스파로프는 1998년 그리스 신화에 나오는 반인반마의 괴물에 착안해 체스용 컴퓨터를 활용해 체스를 두는 '켄타우로스' 대결

종목을 구상했습니다. 이후 체스 대결에는 사람이 컴퓨터를 마음대로 활용할 수 있는 새로운 장르인 '프리스타일' 종목이 생겨났습니다. 2005년 열린 프리스타일 체스 대결에서는 체스 실력만으로는 세계 1,400등이지만 컴퓨터를 자유자재로 구사하는 뉴잉글랜드의 두 젊은이가 세계 최고수들을 꺾고 우승했습니다.[44)]

사람과 컴퓨터 중에서 누가 더 강할까요? 체스 게임에서만이 아니라 이제 거의 모든 영역에서 가장 강한 쪽은 사람도, 컴퓨터도 아닙니다. 컴퓨터의 장점을 활용하되 기계에 부족한 인간의 직관과 통찰력을 적절하게 구사하는, 즉 컴퓨터와 가장 잘 협력할 줄 아는 사람입니다. 복잡성이 지배하는 미래사회에서는 모든 자원과 발상법을 동원해 문제를 해결해야 합니다. 자신의 지식과 힘에만 의지하는 사람은 다양한 전문가들과 소통하고 똑똑한 도구와 협력하는 사람에게 비교가 되지 않습니다. 소통과 협력이 미래에 더 중요해지는 이유입니다.

디지털환경에서 희소해지는 공감 능력

소통 능력과 협업 능력을 갖춰야 사람들로 인해 생겨나는 복합적 문제들을 발견하고 해결할 수 있습니다. 그러나 문제는 디지털환경에서 복잡한 문제 해결에 필수적인 공감 능력이 점점 희소해지고 있다는 점입니다. 스마트폰과 SNS 등 편리하고 강력한 소통 도구에 더 많이 의존하게 되면서, 역설적으로 현실에서 사람의 감정을 읽어내고 공감하는 능력은 저하되고 있습니다.

'머레이비언의 법칙'은 소통에서 비언어적 요소의 중요성을 알려줍니다. 앨버트 머레이비언Albert Mehrabian UCLA 교수는 1971년 저서 《침묵의 메시지*Silent Messages*》를 통해 의사소통에서 언어(말하는 내용)가 미치는 영향은 7%에 불과하다는 연구결과를 발표했습니다. 반면 눈빛과 표정, 몸짓, 자세 등 시각적 정보가 차지하는 비중은 55%, 목소리와 강세·음색 등 청각 정보의 영향은 38%였습니다. 의사소통에서 비언어적 요소의 역할이 93%나 차지할 정도로 압도적으로 중요하다는 뜻입니다. 그러나 SNS와 같은 디지털 소통은 이러한 비언어적 맥락을 생략하면서, 소통 상대의 눈빛과 마음을 읽는 능력을 퇴화시키는 환경을 만들고 있습니다.

디지털환경에서 성장한 요즘 아이들의 경우, 이러한 현상이 더욱 두드러지고 있습니다. 한국정보화진흥원이 조사한 바에 따르면, 2017년 유·아동(3~9세)의 19.1%가 스마트폰 과의존위험군으로 드러났습니다. 첫 조사인 2015년 12.4%였던 위험군이 2016년 17.9%, 2017년 19.1%로 빠르게 늘어나고 있습니다. 대학 부설 유치원장을 맡고 있는 한 유아교육학과 교수는 "과거와 비교해 요즘 유치원생들은 유사자폐로 분류될 만한 아이들이 많이 늘어났다. 특히 감정 통제가 안 되는 아이들이 부쩍 많아지고 있다"고 말합니다. 초등학교 교사들도 "갈수록 어린 학생들을 지도하기 어렵다"며 "눈치 없는 아이들이 해가 바뀔수록 늘어나고 있다"고 말합니다.[45] 시기적으로 한국 사회에서 스마트폰의 보급 확산과 깊은 관련이 있는 현상입니다.

미국 MIT의 사회심리학자 셰리 터클Sherry Turkle은 온라인에서 더 쉬워지고 편리해진 연결은 느슨한 형태의 인간관계를 형성하기 쉽게 해주지만, 인간관계의 깊이를 없애고 피상적으로 만들어버렸다고 지적합니다.[46] 공기나 물의 중요성을 깨닫지 못하다가 사막이나 대기오염을 만나면 그 소중함을 알게 되듯, 감정적 소통 능력도 디지털 사회에서 희소해지면서 가치와 중요성이 더욱 커지고 있습니다.

소통의 출발은 공감

협업은 소통을 기반으로 하고, 소통의 뿌리는 공감입니다. 공감과 소통 능력을 갖춘 뒤에야 비로소 협업이 가능해지지요. 미래학자 제러미 리프킨Jeremy Rifkin은 그래서 이제 "이성의 시기가 지나가고, 공감의 시대가 도래했다"고 말하기도 했습니다.[47]

'공감'을 뜻하는 영어 단어 empathy는 그리스어 empatheia에서 유래한 말로, '외부에서 감정 속으로 파고들어가다' 또는 '타인의 감정이나 고통과 함께하다'라는 뜻입니다. 즉 내가 지닌 에너지와 시간을 동원해 다른 사람의 마음을 들여다보고 읽고 느끼고 이해하는 것이 공감입니다.

'마음이론theory of mind'에 따르면 사람은 다른 생명체와 달리 다른 사람의 마음을 읽어낼 수 있는 능력이 있습니다. 사람의 뇌에는 거울신경세포mirror neuron가 있어서, 의식하지 않아도 다른 사람의 행동을 따라하게 되고 그의 생각이나 행동을 이해할 수 있습니다. 보통 만 5세 이후부터 이런 능력을 갖게 되는데, 5세 이전에는 다른 사람의 마음이 어떠한지 생각할 수 없어 다른 사람의 관점에서 세상을 바라보거나 자신을 바라보지 못합니다.[48]

마음이론이 잘 발달한 사람은 다른 사람의 마음 상태를 인지하고 이해하는 공감 능력이 뛰어납니다. 반면 마음이론에 문제가 있으면 타인의 마음이나 관점을 고려하지 않고 자기 관점에서만 상황을 파악해 사회적 관계를 원활히 형성하지 못합니다. 자폐증은 다른 사람의 마음을 읽어내기 힘든 장애로, 마음이론에 고장이 난 대표적 사례입니다. 공감 능력은 그래서 사회생활을 원만하게 해주는 중요한 요소이지요.

뿐만 아니라 공감 능력은 다른 사람의 관점과 감정을 이해하게 하기 때문에, 다양한 관점과 현상에 대한 인지 능력을 높이고 도덕적 행동으로 연결되어 사회적 성공을 이끌어내곤 합니다. 그래서 공감 능력은 육체적 강인함과 인지적 뛰어남보다 사회적 성공과 개인적 행복을 좌우하는 결정적 능력입니다. 세계적 베스트셀러《성공하는 사람들의 7가지 습관*The Seven Habits of Highly Effective People*》의 저자 스티븐 코비Stephen Covey도 공감을 성공을 위한 핵심요소로 꼽았습니다.

진화의 역사에서도 인간은 공감 능력 덕분에 탁월한 생존력을 발휘할 수 있었습니다. 동료 한 사람이 위험이나 위협에 처했을 때 집단 구성원 전체가 공감 능력을 발휘한 덕분에 빠르게 공포감을 느끼고 도망가거나 함께 싸울 태세를 갖추었습니다. 공감은 누군가를 위해서 소중한 나의 감정과 시간을 소비하는 비효율적 활동이 아니라, 사회적 인간의 생존력을 높이는 효율적인 역량이기도 한 것입니다.

공감 능력은 사람마다 타고난 유전자와 환경의 영향을 받습니다. 특히 유아기에 주양육자인 부모와의 상호관계가 아이의 공감 능력 발달에 중요하다는 것은 분명합니다. 하지만 사람의 성격과 태도처럼 교육과 훈련을 통해 달라질 수 있습니다. 공감 능력을 키우는 첫걸음은 먼저 자신의 마음속을 들여다보고 자신이 어떻게 다른 사람에게 공감하게 되는지를 성찰하는 것입니다. 그리고 소극적으로 기다리지 말고 내가 먼저 공감을 표현하는 것이 공감의 지름길입니다.

3부

스스로 미래를 결정하는 법

내면의 동기를 발견한 사람들

08

무엇이 동기를 끌어내는가

"배를 만들게 하고 싶다면 배 만드는 법을 가르치는 대신 무한한 바다에 대한 그리움을 갖게 하라." _생텍쥐페리Antoine de Saint-Exupéry

인간 행동은 다른 생물과 달라서 생존본능만으로는 도무지 설명할 길이 없습니다. 사람은 생존만이 아니라 스스로 설정한 목적과 동기에 의해서 움직이기 때문입니다. 행복한 삶, 보람 있고 성공적인 인생의 공통점은 스스로 마음을 정하고 뜻을 세운 뒤 그것을 향해 끊임없이 나아간다는 점입니다.

미국의 심리학자 에이브러햄 매슬로Abraham Maslow는 사람의 욕구가 피라미드처럼 위계를 이루고 있다며 '인간 욕구 단계설'로 설명합니다. 그는 인간 욕구가 5단계의 층위를 이룬다고 보는데, 상위 욕구는 그 아래 욕구가 충족된 이후에 추구된다는 것이 이론의 핵심입니다.

1단계는 생리적 욕구로, 굶주림, 갈증, 추위 등에서 살아남으려는 생존 욕구입니다.

2단계는 안전의 욕구로, 사람은 생리적 욕구가 충족된 이후에는 위험이나 폭력으로부터 벗어난 안전을 추구합니다. 건강과 신체적 보호는 물론 불확실성과 불안정 대신 예측가능하고 익숙하고 편안한 상태를 선호하는 성향을 설명해줍니다.

3단계는 애정과 소속에 대한 욕구입니다. 우리는 안전이 보장되는 상황이 되면 사랑하고 사랑받고 싶어하며 소속감과 애착을 추구합니다. 가족이나 친구, 집단을 통해 관계를 맺고 친밀감과 애정, 정체성을 찾는 까닭입니다.

4단계는 자기존중(존경)에 대한 욕구로, 자신의 존재와 능력, 활동에 대해서 다른 사람들로부터 인정과 존경을 받고자 하는 성향을 말합니다. 자존감을 비롯해 인정과 명예를 추구하는 욕망을 말합니다.

마지막 5단계는 자아실현의 욕구입니다. 외부로부터 인정과 존경을 받는 것을 뛰어넘어, 자신이 진정으로 가치를 두는 꿈을 추구하는 욕구입니다. 외적 성취가 아니라 내적 성장을 위한 욕구 또는 삶의

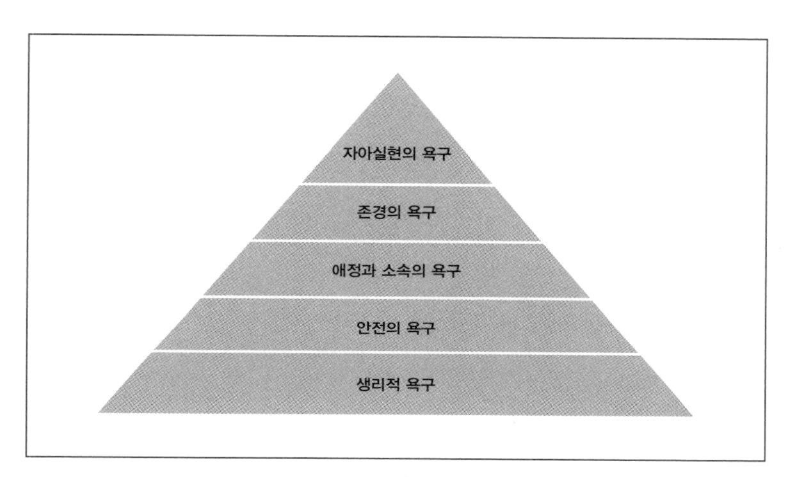

그림11 매슬로의 인간 욕구 5단계

궁극적 의미를 추구하는 욕구라고 말할 수 있습니다.

매슬로의 인간 욕구 5단계 이론은 낮은 단계의 욕구가 충족되어야 더 높은 욕구 추구가 가능하고, 다섯 가지로 인간 욕구를 도식화했다는 이유로 비판도 적지 않지만, 삶의 궁극적 목표가 자아실현이라는 점을 잘 설명해줍니다. 일찍이 맹자는 생활이 안정되어야 비로소 변하지 않는 마음이 들어선다는 의미의 '유항산 유항심有恒産 有恒心'을 강조했습니다. 전국시대의 사상가 관자管子는 "생활이 풍족해야 비로소 예절을 알게 된다衣食足而知禮節"고 말했습니다. 고대 중국의 교훈 또한 매슬로의 이론과 통하지요.

사람의 모든 행위는 욕구 충족을 위한 일인데, 공부하는 행위는 여러 단계의 욕구에 걸쳐 있습니다. 우선 직업을 갖는 것을 목적으로 공부한다면 생존 욕구에 해당합니다. 또 학교와 사회생활에서 남보다 나은 성취를 이뤄내 성공하고 인정받고 싶어하는 것은 자기존중 욕구입니다. 그리고 외부의 인정과 평가보다 자신이 발견한 가치와 꿈을 향해 부단히 나아가는 것은 자아실현의 욕구입니다.

공부할 때 어떠한 욕구를 중심에 놓고 가야 할까요? 누구나 구체적 목표를 세우고 공부를 하지만, 앞서 살펴본 것처럼 지식과 기술이 빠르게 변화하는 세상에서 이는 한시적 효용이 있을 뿐입니다. 인생이라는 먼 길이 곧 공부의 과정인데, 발 앞만 보는 것은 시야를 가리는 위험한 방법입니다. 빠르게 변화하는 세상에서는 내구성을 지닌 튼튼한 학습동기를 찾아야 할 이유가 더 커졌습니다.

보상의 역설

인간에게 동기를 부여하기 위해서 가장 흔하게 사용하는 방법은 성과에 대한 보상과 처벌입니다. 기업에서는 급여와 보너스를 지급하고, 학교에서는 성적을 매기고 상을 줍니다. 뿌리 깊은 '조건부 보상' 관행은 결과를 중시하는 실적중심주의meritocracy 사회문화와 행동주의 심리학에 기반하고 있습니다. 행동주의는 보상을 제시하면 목적의식이 없는 상태에서도 목적과 동기를 부여할 수 있다고 믿지요. 특정한 자극과 보상을 반복해 의도한 반응을 이끌어낼 수 있음을 다양한 동물실험으로 입증한 파블로프Ivan Petrovich Pavlov와 스키너Burrhus Skinner가 행동주의 심리학의 대표적 이론가들입니다.

그런데 정말 사람이 동물처럼 외적 보상을 통해 의도된 반응을 끌어낼 수 있는 존재일까요? 미국 카네기멜런대학의 심리학자 에드워드 데시Edward L. Deci는 1969년 최신 입체퍼즐을 이용한 흥미로운 실험을 하나 했습니다.[1] 그는 퍼즐을 좋아하는 대학생들을 A그룹과 B그룹으로 나누어 퍼즐을 조립하게 했습니다. 첫 번째 실험에서는 아무런 조건 없이 학생들이 그냥 퍼즐을 하게 두었습니다. 몇 주 뒤 두 번째 실험에서는 A그룹에게만 '퍼즐을 완성하면 1달러를 주겠다'고 했습니다. A그룹은 더 오랜 시간 퍼즐을 했습니다. 세 번째 실험에서는 A그룹에게 '이번에는 퍼즐을 완성해도 1달러를 주지 않는다'고 알린 뒤 실험을 진행했습니다. 보상을 받아본 A그룹은 보상이 중단되자마자 퍼즐 만들기를 그만두었습니다. 처음에 흥미롭게 즐기던 활동이 외적 보상이 주어지자 보상을 위한 도구적 활동으로 변했습니다.

형식을 바꿔서, 학교 신문사에서 학생기자들이 무보수로 해오던 일에 돈을 주는 방식으로 실험을 해보았습니다. 퍼즐 실험처럼 나중에 금전적 보상이 중단되자 학생기자들은 활동을 그만두었습니다. 보상은 단기적 효과가 있었지만, 보상이 중단되자 활동도 끝이 났지요. 실험을 진행한 데시는 "돈은 동기를 부여하지만 동시에 내면의 동기를 파괴한다"고 말했습니다.

"만약 ○○을 달성하면, 대가로 ◇◇을 줄게." 우리는 성장과정에서 이러한 형태의 보상에 무수히 노출되고 이를 당연한 것으로 받아들입니다. 학교, 기업과 같은 목적지향적 조직은 물론, 가정에서도 마찬가지입니다. 흔히 이러한 방식을 '당근과 채찍' 또는 '조건부 보상' 전략이라고 합니다. 그런데 사회학, 심리학, 경제학 분야의 많은 학자들이 조건부 보상의 효과를 연구한 결과는 놀랍습니다. 조건부 보상이 우리가 기대한 결과와 동기부여를 가져오지 못한다는 겁니다. 더욱이 조건부 보상이 부적절하게 사용되면 오히려 역효과를 가져온다는 사실이 다양한 연구로 입증되었습니다.

1995년 스웨덴 경제학자들은 헌혈 희망자를 세 그룹으로 나눠 헌혈과 외적 보상의 관계를 실험했습니다. 헌혈 대가로 1그룹에는 금전적 보상을 주고, 2그룹에는 아무런 보상을 주지 않고, 3그룹에는 받은 돈을 소아암기금에 기부하게 하는 방식을 제시했습니다. 3그룹의 헌혈률이 53%로 가장 높고, 2그룹은 52%로 3그룹과 큰 차이가 없었지만, 1그룹은 30%만이 헌혈에 참여했습니다.

2000년에는 경제학자들이 20주에 걸쳐 이스라엘 하이파의 어린이집 이용자를 대상으로 실험을 진행했습니다. 어린이집 측은 아이를 데리러 와야 할 시간에 지각하는 부모들 때문에 교사들이 늦게까지 남아 있어야 하는 문제를 겪고 있었습니다. 실험의 일환으로 어린이집에서는 정해진 시간보다 늦는 부모에게 벌금을 물리기 시작했습니다. 벌금 도입 결과, 아이를 늦게 데리러 오는 부모가 꾸준히 늘어나더니 과거에 비해 2배 수준으로 증가했습니다. 처벌이 바람직한 행동을 끌어내기보다 오히려 바람직하지 않은 행동에 대한 죄책감을 상쇄하는 결과를 가져왔습니다. 벌금 도입이 '도덕적 의무'를 '금전적 계약'으로 바꿔버린 것입니다.

미래학자 다니엘 핑크Daniel H. Pink는 "사람들은 외적 보상이 두드러지는 환경에서는 보상을 유발하는 지점까지만 노력하고 그 이상은 애쓰지 않는다"고 지적합니다.[2] '쓰레기통을 비우면 용돈을 준다'는 규칙은 아이에게 쓰레기통을 비우는 일이 바람직하지 않다는 인식을 갖게 하고, 집안일은 돈을 받을 때만 하는 것이라는 생각을 갖게 할 수 있다는 것입니다.

대부분의 가정과 학교에서 학생들에게 '명문대 입학'이라는 명확한 목표를 제시하고 당근과 채찍이라는 방법을 흔하게 활용했습니다. 틀린 문제 개수만큼 손바닥을 때리고, 우수한 성적과 합격은 상장과 벽보로 격려했습니다. 그 결과 한국 학생들의 평균성적은 세계 최고 수준을 기록합니다. 그러나 성인이 되면 학습역량은 OECD 국가 중에서 바닥권으로 떨어집니다. 미성년기에 의존하던 당근과 채찍이 사라짐과 동시에 학습동기도 사라지는 것이죠. 대학 입학이라는 당면 목표와 외적 보상에 기댄 교육방식의 역효과입니다.

■ 외적 보상이 적절한 상황

본질적으로 창의적이고 흥미로운 일에는 외적 보상이 적절하지 않습니다. 하지만 세상의 모든 일이 창의적이고 탐구적인 것만은 아닙니다. 단순하고 힘든 작업이나 흥미롭지 않은 일에는 보상이 효과를 거둔다는 사실이 다양한 연구로 확인되었습니다. 보상의 역설 현상이 모든 종류의 반복적 훈련과 외형적 목표를 부정적으로 봐야 한다는 것을 의미하지는 않습니다. 외적 보상도 적절하게 사용하면 효과가 있습니다.

꿈꾸던 대학에 입학했으나 '대2병'

진정한 공부는 매슬로가 말한 욕구의 최고 단계, 즉 자아실현을 추구합니다. 부모나 교사의 강요가 아니라 무엇보다 학습자의 자발적인 동기로부터 출발해야 합니다. 그런데 그런 동기가 발견되지 않는다면 어떻게 해야 할까요? 동기가 없는 상태에서는 어디를 출발점으로 삼아야 할까요?

스티브 잡스는 "열정에 불을 붙이는 것이 위대한 일을 이루기 위한 유일한 길"이라며 "여정 그 자체가 최고의 보상"이라고 말했습니다.[3]

누구나 자신만의 꿈을 찾아내고 이를 내면적 동기로 연결해 자아실현을 추구하는 삶을 소망하지만, 마음만으로 되지 않습니다. 직업과 사회의 변화가 점점 더 빨라질 미래는 불확실성과 예측불가능성의 시대입니다. 미래를 꿈꾸며 준비하기는 점점 더 어려워집니다. 어떠한 직업을 목표로 삼더라도 그 직업이 자신의 인생을 책임져줄 것이라는 기대를 갖기 힘듭니다. "열정을 품어라"라는 말이 열정과 동기를 전혀 가져다주지 못합니다.

근래에 '대2병'이라는 신조어가 등장했습니다. 중고교시절 대학을 목표로 삼고 공부에 매진해 원하던 대학에 합격했는데 대학생활에 적응하지 못하고 오히려 불안감과 우울증을 호소하는 증세를 일컫습니다. 대학 신입생 때는 입시에서 벗어나 대학의 자유와 낭만이 주는 기쁨을 누리지만 2학년이 되고 졸업 후 진로와 미래를 구체적으로 모색하게 되면서 불안과 우울을 경험하는 현상입니다. 불안에 그치지 않고 학교생활과 인생에 흥미를 잃고 심한 방황과 좌절에 빠지는 대학생들도 있습니다. 왜 꿈꾸던 대학에 진학한 모범생들이 이런 병을 앓게 되는 것일까요?

'대2병'은 전공 부적응, 취업과 미래에 대한 불안이 원인으로 작용하기도 하지만, 꿈과 동기부여에 관한 오래된 진실을 일깨워줍니다. 아무리 많은 사람들이 부러워하고 오랜 기간 치열하게 경쟁해서 얻은 결과일지라도, 그것이 외부에서 주어진 목표일 경우에는 이내 한계를 드러낸다는 사실입니다. 외부환경은 계속 변화하기 때문에 대학 입학 이후엔 새로운 목표와 동기를 찾아야 합니다. 목표를 스스로 찾아내지 않고 외부의 기대를 따른 경우에는 그 목표가 외부환경 변화에 따라 계속 달라집니다. 대기업 취업, 공무원시험 합격, 고시 합격, 대학원 진학, 시민단체 자원활동 등 저마다의 꿈을 찾아 착실하게 준비하는 친구들을 보면서 자신은 무엇을 해야 하는지 또 하고 싶은지 몰라서 불안이 커지기만 합니다.

누구든 탐색과 성찰의 과정을 통해 스스로 목표를 발견한 경우라야 외부환경에 따라 일희일비하지 않으며, 자신의 진정한 동기와 가치를 지속적으로 추구할 수 있습니다. 어떻게 해야 자신만의 꿈을 발견하고 인생의 목표로 삼을 수 있을까요? 직업과 일자리 지형이 지속적으로 변화한다는 미래에 평생 추구할 만한 자신만의 꿈을 발견하는 것이 가능할까요? 중고교에서 진로교육을 강화해 어려서부터 다양한 직업의 세계를 접하고 일찌감치 미래의 직업을 선택하고 준비하게 하는 것은 도움이 되는 방법일까요?

내면의 동기는 만들어지는 것

많은 청소년들이 학교의 진로교육 프로그램에 따라서, 또 학교생활기록부에 실질적이고 구체적인 내용을 담기 위해서 미래 전공과 직업을 서둘러 선택해야 한다는 압박을 받습니다. 이러한 선택이 자신의 적성이나 희망에 꼭 맞아 일생을 바쳐서 이루고 싶은 목표가 된다면 참으로 다행입니다. 그러나 대부분은 그렇지 못합니다. “너는 미래에 어떤 일을 하고 싶니? 이제 10대 중반이니 꿈을 정하고 준비해야지” 하는 외부의 기대와 압박에 떠밀려서 선택하는 경우가 많습니다.

학생들에게 자발적 동기를 갖게 하려면 세상에 다양한 직업과 삶이 있다는 것을 알려주고 그중에서 좋아하고 꿈꾸는 것을 적어내게 하는 것으로 충분하지 않습니다. 유년기나 청소년기에는 다른 사람들의 눈에 멋져 보이는 직업을 추구하는 경향이 있지만 인생의 의미나 장기적 목표와 일치하지 않을 가능성이 높습니다. 왜냐하면 그 목표는 스스로의 노력으로 찾은 것도, 고민 끝에 결정한 것도 아니니까요.

사실 청소년기의 많은 학생들은 "무엇을 꿈꾸어야 하나요? 나는 미래에 하고 싶은 게 뭔지 모르겠어요"라고 꿈의 부재를 털어놓습니다. 꿈의 부재는 청소년기의 자연스러운 현상입니다. 날 때부터 남다른 재능과 소질을 내보이는 사람, 어려서부터 자신이 간절히 원하는 일을 어려움 없이 찾은 사람은 매우 드뭅니다. 사람은 생존을 넘어 삶의 의미와 목적을 추구하는 존재인데, 인생의 지향과 의미를 찾아내는 일은 누구에게도 쉽지 않습니다.

자발적 동기와 목적의식은 자율성을 기반으로 자기주도적 탐색을 통해 형성되는 것입니다. 창의성과 자발적 학습을 끌고 가는 힘은 인생의 목표와 연결된 내재적 동기지만, 천부적 능력이 아닙니다. 내면적 동기는 사람마다 고유한 성장과정과 교육경험을 통해 형성되고 스스로 만들어갈 수 있습니다.

그렇다고 해서 교육에서 방임과 무한한 자율성이 허용되는 것은 아닙니다. 교육에서 훈육과 자율성이 모두 필요한 것처럼, 동기를 형성하는 데도 자율성 못지않게 훈련과 인내가 중요한 역할을 합니다.

자발적 동기를 품은 사람은 스스로 설정한 목표를 향해 열정과 집중력을 쏟으며 학습하고 성장해갑니다. 그러나 꿈과 욕망만으로 자발적 동기가 형성되지는 않습니다.

단순한 선망과 자아실현 욕구 사이에는 엄청나게 깊은 골짜기가 가로놓여 있습니다. 시련이라는 심연입니다. 수많은 사람이 선망하고 꿈꾸지만, 실패와 좌절에 굴복하지 않고 보상과 인정이 없어도 오래 견디는 사람만이 그 심연을 건널 수 있습니다. 매슬로가 자아실현을 인간욕구 피라미드의 최종 단계에 올려놓은 이유는 그만큼 어렵기 때문이기도 합니다.

1만 시간을 버티는 힘

앤절라 더크워스Angela Duckworth는 “자신의 일에 대한 열정을 발견하는 것은 평생에 걸쳐 발전시키고 심화시켜야 하는 과정”이라고 말합니다.[4] 어려서는 지식과 경험이 적어 무엇이 되고 싶은지 알기 어렵고 성장하면서 외부 세계를 만나 흥미를 발견하게 됩니다. 흥미를 느끼는 관심사를 발견했다고 해서 그것이 곧 인생의 목표와 동기가 되는 것도 아닙니다. 오랜 시간 자기주도적으로 관심사를 유지하고 심화·발전시켜가는 과정이 필수적으로 요구됩니다.

이 과정에서 부모와 교사, 친구의 지지와 격려는 중요한 역할을 합니다. 관심사를 더 좋아하고 파고들게 만드는 데 필수적인 자극과 정보를 외부에서 계속해서 제공해줄 수 있고 정서적 지지를 통해 자신감과 안정감을 형성하는 데 도움을 줄 수 있습니다.

관심사를 심화·발전시켜가는 과정은 안데르스 에릭슨이 탁월한 전문가들의 공통점이라고 분석한 '1만 시간의 법칙'이 적용되는 기간입니다. 흥미를 느끼는 일을 얼마나 열정을 갖고 오랜 기간 의도적인 연습을 통해 개선시켜나가느냐에 따라서 그 역량과 결과의 수준이 결정되고 나아가 인생이 달라집니다.

찰스 두히그는 베스트셀러 《습관의 힘》에서 "의지력을 강화하도록 학생들을 돕는 가장 효과적인 방법은 의지력을 습관화하는 것이다"라고 말합니다. 유년기에 피아노나 운동을 가르치는 교육이 아이들을 피아니스트나 프로 축구선수로 만들지는 못하지만, 아이들은 스스로 연습을 습관화하는 과정을 통해 학습 태도와 꿈을 키우는 법을 배울 수 있습니다. 두히그는 사람이 날마다 반복하는 선택들이 신중하게 생각한 결과가 아니라 대부분 습관일 뿐이라며 일상에서 습관의 힘을 강조합니다. 일상에서 의지력을 습관화해서 버티는 힘을 가진 사람만이 시련의 골짜기를 넘어 꿈과 선망을 자아실현의 욕구로 만들어낼 수 있습니다.

불변의 선호직업 순위와 한국 사회

관심과 열정을 쏟을 자신만의 꿈을 발견하는 일은 삶에서 목적과 의미를 찾는 일로, 인생에서 무엇보다 중요합니다. 하지만 우리 사회에서는 이런 일이 제대로 격려되거나 지지되지 못합니다. 외적 결과와 실적을 무엇보다 우선시하는 실적중심주의 사회인 까닭입니다.

교육은 한 사람이 인생을 행복하고 의미 있게 살아갈 힘을 키우는 법을 찾게 도와주는 과정입니다. 그 과정에서 행복하고 보람 있는 삶을 좌우하는 목표와 동기를 스스로 찾아내는 것이 매우 중요하기 때문에 교육에서 핵심을 이루는 게 당연합니다. 그러나 학교 현실은 이러한 이상과 거리가 멉니다. 학교는 성적과 등수로 대표되는 실적주의가 지배하는 곳이고, 학생들은 성적과 합격이라는 외재적 동기를 자신의 당면 목표로 삼게 됩니다. 학생들이 희망하는 직업들도 대부분 안정성과 사회적 지위를 중시하는 부모가 원하는 직업의 순위와 일치합니다. 2017년 교육부가 조사해 발표한 학생들의 희망직업에서 교사는 초·중·고등학생 가릴 것 없이 1위였습니다.[5] 조사를 시작한 2007년 이래 11년 동안 변함없는 순위입니다.

"목적이 없는 사람은 방향타 없는 배와 같다"고 스코틀랜드의 사상가 토머스 칼라일Thomas Carlyle은 말했습니다. 그토록 중요한 자신만의 꿈과 목표를 찾으려면 일차적으로 외부에서 부여한 목표와 동기에 무조건 끌려가지 않을 수 있어야 합니다. 외부의 동기가 자신의 내면적 동기와 일치하는지 깊이 생각해보아야 합니다. 대개 사람들이 선호하는 외적 보상을 앞세운 외재적 동기부여는 내면적 목표 찾기를 방해하는 요소입니다.

유년기까지의 목표와 꿈은 부모와 환경의 영향이 지배적이지만, 청소년기는 내면적 동기를 찾는 여정의 출발점입니다. 청소년기는 부모와 사회로부터의 힘과 영향에서 독립을 추구하면서 스스로의 주체성과 정체성을 만들어내는 시기입니다. 그동안 수용하고 의존해왔던 기성의 권위와 구조에 대해 비판하고 저항하면서 성인이 될 준비를 시작하는 시기입니다.

질풍노도의 청소년기에 가장 중요한 것은 인생의 목적과 동기를 발견하는 일입니다. 이는 스스로의 내면을 들여다보고 성찰하는 일입니다. 평생 자아정체감 형성에 대해 연구한 정신분석학자 에릭 에릭슨Erick Erickson은 청소년기의 핵심과제가 자아정체감의 확립으로, 자신의 위치, 능력, 역할과 책임을 명확하게 인식하는 것이라고 말했습니다.

청소년은 더 이상 성인의 보호를 받는 아이도 아니고, 그렇다고 독립성을 인정받는 성인도 아닌 주변인입니다. 주변인으로서 청소년은 보호를 벗어나 스스로 탐색을 하되 그 결과에 대해 전적으로 책임을 지지 않아도 되는 특별한 지위를 갖습니다. 행위의 책임으로부터 유예되는 이유는 청소년기가 미래를 향한 모색과 도전이 허용되고 격려되는 시기이기 때문입니다. 에릭슨은 이를 '현실로부터의 건설적인 유예'라고 지칭합니다.

하지만 사회 변화에 따라서 청소년기의 역할과 의미도 달라지고 있습니다. 취업과 결혼 시기가 늦어지고 주거 마련이 어려워지면서 성년이 되어도 자립적으로 생활하기가 어려워졌습니다. 청소년기를 벗어나서도 성인으로 현실에 참여하지 못하고, 부모가 주거를 제공하고 용돈을 주고 취업 학원비를 대주는 보호막 노릇을 하는 경우가 늘고 있습니다. 대학을 졸업하고도 부모에 의존해 사는 이러한 모습을 '캥거루족'이라고 부르기도 합니다.

청소년기의 특징인 '건설적 유예기'는 과거에 비해 훨씬 길어졌지만, 이 기간에 이뤄져야 하는 자아정체성 확립과 목표 탐색은 더욱 어려워지는 역설적 현상이 생겨나고 있습니다. 성년이 되었어도 직업이나 결혼 등 미래를 잘 대비하려면 더욱 긴 준비기간이 필요한데, 이 기간에 독립성보다 의존성이 더욱 강해진다는 게 문제입니다. 부모로부터 독립하고 그 영향력을 단절하는 것은 성인으로서 자신만의 자유와 목표를 쟁취하는 데 가장 핵심적인 절차입니다. 미국 스탠퍼드대 청소년연구소장 윌리엄 데이먼William Damon 교수는 "젊은이들을 보호하려는 노력이 오히려 젊은이들을 오늘날의 복잡한 세계에 잘 적응하지 못하게 만든다"고 말합니다.[6)]

요컨대 한국 사회의 결과중심주의는 대중문화, 소비문화와 만나 청소년들로 하여금 안정성과 소득이 높은 몇몇 인기직업을 지나치게 선호하게 하고 있습니다. 20대 이후로까지 길어진 독립 유예기간은 젊은이들이 내면적 동기를 발견하도록 돕는 것이 아니라, 남들을 의식한 외형적 목표에 더욱 영향을 받고 길들여지게 하고 있습니다.

'자아인식'은 가장 실용적인 지식

독일의 철학자 이마누엘 칸트Immanuel Kant는 "인간성이라는 비뚤어진 재목으로 더 나은 미래를 구축하기에 앞서 우리는 자신이 무엇 때문에 움직이는지를 알아야 한다"고 말합니다.[7] 내면적 동기를 발견하기 위해서는 무엇보다 먼저 자신에 대한 탐구를 통해 자신이 어떤 특성을 가진 사람인지를 알아야 합니다. 윌리엄 데이먼은 자신에게 적합한 직업을 찾는 데 도움을 주는 것이 바로 자아인식이고 그래서 이는 가장 실용적인 지식이라고 말합니다.[8]

노숙자, 교도소 수감자, 도시 빈민들을 대상으로 인문학을 가르치는 '클레멘트 코스'가 있습니다. 미국의 사회운동가 얼 쇼리스Earl Shorris는 1990년대 교도소에서 만난 한 여성 재소자가 "부자와 빈자의 차이는 인문학을 배웠느냐 배우지 못했느냐에 있다"라고 알려준 것을 계기로, 소외계층 인문학 교육에 투신했습니다.[9] 가난한 사람들에겐 잠자리와 식사도 필요하지만 살아야 하는 이유와 자존감 회복이 더 중요하다는 얘기입니다. 노숙자와 재소자에게 실용적인 직업 교육이 아니라 삶의 목적과 의미를 가르치는 인문학 교육은 허황한

몽상으로 여겨졌지만, 클레멘트 코스의 결과는 놀라웠습니다. 많은 사람들의 삶을 송두리째 바꿔놓았고, 피교육자 55% 이상이 성공적으로 사회에 복귀했습니다. '희망의 인문학' 교육은 세계 곳곳으로 확산되었고 우리나라에서도 이뤄지고 있습니다.

빈곤을 벗어나고 직업을 찾아 나서는 데 있어 가장 중요한 일은 자아성찰을 통해 내면적 동기와 목적을 발견하는 것입니다. 이는 외부의 영향에 따라 일희일비하지 않고 자신만의 소명과 목표를 추구하는 걸 뜻합니다. 자신을 성찰해 도달하는 자아인식은 성공적인 결과가 정해져 있는 경로를 차근차근 밟아가면서 얻을 수 있는 게 아닙니다. 불확실성과 시련을 직면하면서 비로소 만날 수 있는 게 자아인식입니다.

자아를 인식한다는 것은 곧 자신의 특성을 이해해 자아를 다스리는 지경을 말합니다. 알 수 없는 불확실한 상황과 한계 지점에서의 경험은 스스로가 어떤 존재인지를 알게 하지만, 대부분의 사람들에게는 불안하고 두렵고 피하고 싶은 경험입니다. 하지만 인생은 자신이 원하는 대로 흘러가지 않습니다. 누군가는 우연히 또는 피할 수 없이 이런 경험을 하게 되고, 또 어떤 사람들은 기꺼이 이러한 불안을 감수하는 모험을 선택하기도 합니다.

자아를 인식한다는 것은 앞서 6장에서 언급한 것처럼 자신의 한계를 안다는 것입니다. 자신이 무엇에 의존하는지, 무엇에 영향을 받는지, 어디까지가 자신의 능력인지를 아는 것입니다. 우리는 한계를 알지 못하면 계속해서 불안할 수밖에 없고, 또한 자신을 다스려 원하는 방향으로 움직일 수 없습니다. 자신의 한계를 깨닫기 위해서는 직접 한계에 부닥쳐야 합니다.

자아발견의 길, '궁즉변'

'궁하면 통한다'는 속담이 있습니다. '궁박한 처지에 이르게 되면 도리어 펴나갈 길이 생긴다'는 뜻으로 풀이되고, 한자로는 '궁즉통窮卽通'이라고 말합니다. 이 말은 우주 삼라만상의 변화를 설명하는《주역周易》'계사전繫辭傳'에 실린 "궁즉변窮卽變, 변즉통變卽通, 통즉구通卽久"에서 나온 말입니다. 주역 원문은 "한계에 이르게 되면 변화하게 되고, 변화하면 통하지 않던 것이 통하게 되고, 통하게 된즉 오래 유지된다"는 의미입니다. 곤궁해지면 저절로 통하게 되는 것이 아니라 중간에 '변화'하는 단계를 거쳐야 한다는 게 본디 의미입니다.

'궁窮'은 '다하다'라는 의미로, 한계에 도달하는 것을 뜻합니다. 한계에 도달한다는 것은 불가능, 즉 결핍을 경험하는 지경을 의미합니다. 아무리 노력해도 더 이상 나아갈 수 없는 한계 지점이 바로 자아발견의 지점입니다. 앞서 언급한 해녀학교에서처럼 '자신의 숨의 길이'를 알게 되는 깊이입니다. 자신을 발견하는 최선의 길은 자신의 한계가 어디인지 확인할 수 있는 궁극의 지점에 가보는 것입니다. 최선을 다했지만 결국 어쩔 수 없는 한계를 확인하게 된다는 것은 달리 말하면 실패의 경험입니다. 실패를 맛보는 것은 결코 즐겁지 않습니다. 정성을 쏟은 수고가 물거품이 되고, 자기효능감 대신 무력감을 맛보는 씁쓸한 경험입니다. 하지만 최선을 다한 끝에 자신의 한계를 만나는 실패는 자신에 대해서 깊이 생각하게 합니다.

"변화하라" "개혁만이 살 길"이라고 아무리 외쳐도 소용이 없습니다. 명령과 지시로 우리는 변화하지 않습니다. '궁즉변 변즉통'은 변화하는 단계를 거친 뒤에야 비로소 통한다는 것을 알려줍니다. 온 정성을 쏟은 실패의 지점에서 한계와 결핍을 경험하게 되고 이러한 깨달음이 내면적 동기를 발견하게 만들어 자기주도적 변화의 동력을 공급한다는 것이《주역》의 가르침입니다.

내면적 동기를 찾고 자아를 발견하는 사람이 따로 있는 게 아닙니다. 불확실성과 불안이 가득하지만 실패에 대한 공포로 움츠러드는 대신 도전에 뛰어드는 사람이 자아를 발견하고 내면적 동기를 만나게 됩니다.

'견딜 만한 시련'과 '학습된 무력감'

"나를 죽이지 못하는 시련이 나를 강하게 만든다"고 독일 철학자 프리드리히 니체Friedrich Nietzsche는 말했습니다.[10] 사람은 시련과 고통을 통해서 자아를 성찰하고 자신을 다스리는 방법을 발견하게 됩니다. 자아발견은 무조건 '하면 된다'고 밀어붙이는 행동이 아니라 '아무리 해도 안 되는 지점이 있다'는 깨달음에서 옵니다.

그런데 니체가 언급한 나를 죽이지 못하는 시련은 '극복이 가능한 시련'을 의미합니다. 모든 역경과 시련이 항상 도움이 되는 것은 아닙니다. 또한 극심한 고통이 모든 사람에게 동일한 결과를 가져오지도 않습니다. 어떤 시련은 누군가를 더 강하게 변모시키기도 하지만 누군가를 더 약하게 만들기도 합니다.

2012년 콜로라도대 심리학자 스티븐 마이어Steven Maier는 성장기의 쥐에게 전류를 흘려보내 고통을 주는 실험을 통해, 시련이 주는 장기적 효과를 연구했습니다. 인간으로 치면 청소년기에 해당하는 쥐에게 전기충격을 경험하게 하고 성년이 된 뒤 다시 같은 충격을 주는 실험이었습니다. 실험대상 쥐를 두 그룹으로 나눠 1그룹의 쥐에게는 전기충격을 주고 이를 통제할 수 있는 아무런 수단을 제공하지 않았습니다. 2그룹의 쥐에게는 같은 충격을 주되 앞발로 핸들을 돌리면 전류를 차단할 수 있는 도구를 제공했습니다. 1그룹의 쥐는 성년이 된 후 같은 충격을 받을 때 겁을 먹고 공포에 질린 모습을 보였습니다. 2그룹의 쥐는 같은 상황에서 겁을 먹지 않는 모험심이 강한 쥐로 성장해 있었습니다. 어린 쥐에게 닥친 극심한 고통은 같았지만 스스로의 행동으로 이를 통제한 경험의 유무에 따라 이후 유사한 상황에서 완전히 다른 태도로 나타났습니다.[11)]

인간의 두뇌는 평생 동안 끊임없이 성장하며 새로운 변화에 적응하는 회로를 만들어냅니다. 마이어 교수는 "뇌 신경회로의 가소성은 사소한 불편 정도로는 형성되지 않는다. 말만으로는 난관을 극복할 믿음을 심어줄 수 없다"고 연구결과를 설명합니다. 신경회로가 새로 형성되려면 역경을 겪고 이를 극복하는 과정을 거쳐야 한다고 말합니다. 앤절라 더크워스는 "죽을 만큼의 시련이 사람을 강하게 만드는 것이 아니라, 고통에서 벗어날 방법을 찾을 수 있을 때에만 열정과 끈기(그릿)가 강화된다"라고 이 연구를 강조합니다.[12)]

이 연구에서 알 수 있듯 어떤 환경은 '아무리 노력해도 달라지는 게 없다'는 무기력감을 학습하게 만들고, 또 어떤 환경은 '노력 여부에 따라 얼마든지 달라질 수 있다'는 긍정적 태도와 도전 의지를 학습하게 만듭니다. 이는 교육과 성장환경에서 무엇이 중요한지를 알려줍니다.

'생활의 달인'의 비결

인생의 동기와 목표를 찾아내 자아를 실현하는 삶을 사는 사람은 '선택된 소수'에 불과할까요?

매주 월요일 SBS에서 방송하는 〈생활의 달인〉 프로그램이 있습니다. 2005년 첫 방송을 시작한 이후 15년간 670회 넘게 계속되고 있는 인기 리얼리티 프로그램입니다. 다양한 분야에서 범접하기 어려운 수준의 완벽한 기술과 전문성을 보여주는 '달인'의 모습은 매번 경탄을 자아내며 감동을 줍니다. 옷의 오염을 제거하기 위해 다양한 세정제를 만들어 실험하는 세탁의 달인, 구멍 난 옷을 원래 옷감 무늬와 질감 그대로 되살려내는 수선의 달인, 여섯 종류의 밀가루와 다양한 재료를 섞은 세 가지 반죽으로 빚는 바게트의 달인 등 생활 속 다양한 분야에서 뛰어난 전문성과 기술을 지닌 사람들의 이야기입니다.

〈생활의 달인〉이 '소박한 일상생활 속의 달인'을 대상으로 한 기획이라는 점에서 등장하는 사람들은 우리 주변의 평범한 기술자들이지만, 이 프로그램은 매번 성장과 배움, 행복에 대한 잔잔한 감동을 전달합니다. 다양한 분야의 달인이 등장하지만 이들에게는 몇 가지 공통점이 있습니다.

무엇보다 생활의 달인들은 '1만 시간의 법칙'을 구체적 생업에서 구현해낸 사람들입니다. 달인들의 중요한 공통점은 이들이 대개 정규교육에서 전문적 지식을 습득하거나 자격증을 소유하지는 않았지만, 누구보다 열심히 스스로 학습한다는 점입니다. 십수 년간 부단한 연습과 연구를 통해서 경쟁자들이 넘보지 못할 탁월한 경지와 숙련도에 도달한 사람들입니다. 어느 분야의 달인이건 예술가처럼 자신이 다루는 제품을 신중하게 처리하며 그 일에 몰두합니다. 자신의 기량과 전문성을 높이기 위해 끊임없이 노력하고 연구해 기술과 전문성이 개선되는 것을 무엇보다 즐거워하고 보람 있어 합니다. 달인들이 작업하는 모습을 보면 단순히 돈을 벌기 위해서, 고객의 요구에 의해서가 아니라 스스로 그 일을 정말로 사랑해서 몰두하고 있다는 것을 확인하게 됩니다. 그들은 스스로 선택한 배움이 기쁨과 목표가 된다는 것을 알려줍니다. 끊임없는 개선과 완벽을 추구한 달인의 결과물은 아름답습니다.

생활의 달인들은 어떠한 배경과 계기로, 끝없는 배움과 이를 통한 탁월한 성취라는 동기를 갖게 되었을까요? 한 가지 분명한 것은 달인들이 지금 하고 있는 일을 처음부터 자신의 천직이라고 인식했거나, 간절하게 소망하지는 않았다는 점입니다. 우연히 하게 된 일이기도 하고 생업 차원에서 종사하게 된 일이기도 했습니다. 하지만 일을 하면서 노력과 연구를 통해 기술이 개선되는 것을 경험하면서 즐거움을 알게 됐고 그 결과 더욱 깊이 배움에 빠져들게 되었습니다. 또한 달인들은 해당 업무와 관련해 처음부터 남다른 재능과 전문성을 가진 사람들이 아닙니다. 다른 사람들은 지루하다고 무시하거나 편법을 동원하지만 달인들은 그러한 지루함과 무시를 견디고 자신만의 경지에 도달한 것입니다.

평범한 자영업자 또는 기술자인 그들이 생활의 달인이 된 또 다른 공통 비결은 외적 보상과 동기가 아니라 자신들만의 내면적 동기로 움직였다는 점입니다. 달인들은 수익성을 높이기 위해서 재료비를 아끼거나 작업시간을 줄이지 않았습니다. 이는 달인들이 돈이나 승진,

출세와 같은 외적 보상이 아니라, 완벽함이나 아름다움 같은 자신만의 가치 기준을 설정하고 추구함을 의미합니다. 즉 배움과 훈련의 과정에서 얻는 기쁨이라는 내면적 동기가 평범한 사람을 최고의 전문가이자 행복한 직업인으로 만든다는 것을 보여줍니다.

목표와 동기는 끝없는 노력과 개선을 이끌어 보람 있고 행복한 인생의 토양이 됩니다. 인간은 본디 의미와 가치를 추구하는 목적지향적 존재이지만, 갈수록 사회의 불확실성이 높아져 목표와 동기를 설정하기 힘들어지고 있습니다. 청소년기에 자신의 목표를 발견한다는 것은 어려운 일입니다. 사실 너무 일찍, 그리고 어렵지 않게 자신의 목표를 찾거나 정한다는 것은 바람직하지 않을 수 있습니다. 첫 미팅에서 만난 상대가 평생의 배필이 되기를 기대하는 것과 비슷합니다. 오히려 오랜 모색과 다양한 시도를 거쳐야 자기가 찾은 것에 대해 스스로 확신할 수 있게 됩니다. 막연한 불안과 조급함 대신, 자신의 내면과 자신이 좋아하는 것을 발견하기 위한 구체적이고 다양한 도전과 시도를 해보는 것이 목표를 찾는 지름길입니다. 그리고 모든 사람이 목적지향적 삶을 살아야 하는 것도 아닙니다. 생활의 달인들처럼 처음부터 필생의 목표를 세우지는 않았지만 생활 속에서 자신만의 가치와 기준을 세우고 노력하다가 자연스레 범접하기 어려운 성취와 보람에 이르는 삶도 있으니까요.

배움의 출발점과 궁극의 목표

09

'안갯속 항해'에서 나의 위치는?

1707년 10월 스페인 왕위계승전쟁에 참전한 영국 해군 함대가 지브롤터해협에서 프랑스와의 교전에서 승리를 거두고 영국 남부의 군항 포츠머스로 귀환하다가 몰사하는 일이 벌어졌습니다. 며칠째 계속된 짙은 안개로 항로를 잃은 네 척의 함대가 영국 서남단 실리제도 암초에 부딪혀 침몰한 것입니다. 승선인원 2,000여 명 중 살아남은 선원은 2명뿐이었습니다. 이 비극적 사고의 원인은 경도를 제대로 파악하지 못한 탓이었습니다.

망망대해를 항해하려면 두 종류의 위치정보가 필수입니다. 목적지와 내 배의 현재 위치입니다. 현재 위치는 위도와 경도를 알아야 하는데, 위도는 태양의 움직임을 통해 쉽게 파악할 수 있지만 18세기 초반만 해도 해상에서 경도는 파악하기가 어려웠습니다.

참사를 계기로 영국 의회는 1714년 경도법Act of Longitude을 제정했습니다. 바다에서 경도를 측정하는 기술을 개발하는 사람에게 최고 2만 파운드(현재 수십억 원 상당)의 상금을 주기로 한 법입니다. 경도 측정에는 아이작 뉴턴과 갈릴레오 갈릴레이Gelileo Galiei 등 당대 최고의 과학자들도 뛰어들었지만 해결하지 못했습니다. 예상을 깨고 존 해리슨John Harrison이라는 무명의 영국 시계기술자가 오랜 연구 끝에 '크로노미터H4'라는 정교한 해상시계를 개발해 경도법 상금의 주인공이 되고, 해상에서 정확한 경도 측정의 시대가 열립니다.[13)]

적도를 기준으로 하는 위도와 달리, 경도는 자연적으로 생기는 게 아닙니다. 이해관계가 충돌하는 국가들이 두루 수용하는 기준을 만들어야 하는데, 당시 천문학자들에 의해 그리니치천문대를 통과하는 가상의 선이 경도 값 0으로 채택되어 세계 시간의 기준점인 본초자오선이 되었습니다. 경도 발견에 가장 많은 기여와 노력을 기울인 영국이 세계 경도의 기준점이 된 것입니다.

바다에서 정확한 배의 위치를 알려주는 경도 값은 제해권을 장악하는 정보이자 권력입니다. 영국이 정확한 경도 파악을 위해 그리니치천문대와 경도법 등에 쏟은 투자와 노력은 영국 해군을 세계 최강으로 만들었습니다. 즉 대영제국을 가능하게 한 제해권의 출발점은 경도 측정기술의 연구와 개발, 달리 말하면 "나의 현재 위치가 어디인가"를 정확하게 아는 능력이었습니다.

공부도 망망대해에서의 항해와 비슷합니다. 위도 값이 있지만 경도 값은 없는 상태입니다. 무엇을 목표로 삼고 어떻게 배워야 할지 막막하고 불안합니다. 미래가 어떤 모습일지 알 수 없지만, 현재와 다르리라는 것과 지금의 방법이 통용되지 않으리라는 것만큼은 분명합니다. 길을 잃어버렸는데 목적지는 알 수 없고 부정확한 지도를 갖고 있는 형국입니다. 낯선 곳에서 길을 잃었을 때 헤쳐나가는 방법은 무엇일까요? 모든 길찾기와 탐험에서 출발점은 현재 위치를 파악하는 것입니다. 내가 있는 곳이 어디인지, 어떤 조건에 처해 있는지를 파악하는 게 모든 것에 앞섭니다.

지식의 생산과 유통구조가 달라지고 사회 변화가 빨라짐에 따라 기존 교육과 공부 방법은 쓸모와 가치가 퇴색하고 있습니다. 달라진 현실을 바로 보고 미래에 필요한 능력을 갖추려는 노력과 배움이 어느 때보다 절실합니다. 이러한 배움은 어디에서 출발해야 할까요?

누구나 때가 되면 학교에 가고, 상급학교 진학과 취업에 필요한 지식과 역량을 익히는 '공부' 과정에 들어갑니다. 이때 '나는 왜 공부를 하는가' '나는 무엇을 위해 공부하는가' 하는 근본적 질문을 통과해야만 하는 것은 아닙니다. 생존을 위해 공부는 당연시되고 사실상 강요되기 때문입니다. 따라서 자신이 왜 공부를 하는지 물어볼 이유도, 기회도 드물었습니다. 외부의 압력과 관성이 큰데다 방향까지 정해져 있으니 성실히 따라가면 될 뿐, 개인이 고민을 안고 스스로 길을 찾아 나설 이유가 없었습니다.

하지만 상황이 달라졌습니다. 미래가 어느 때보다 불확실해졌습니다. 인공지능과 자동화 기술의 발달로 예측불가능성의 정도가 과거와 차원이 달라졌습니다. 방대한 정보 생산과 유통으로 기존 지식이 빠르게 낡아버리는 환경에서 사람 역할이 속속 자동화되고 있습니다.

미래를 준비하는 방향은 두 갈래입니다. 하나는 외부환경과 변화를 파악하는 방향이고, 또 다른 하나는 환경에 적응하도록 자신을 변화시키는 방향입니다. 둘은 씨줄과 날줄로 결합해 하나의 결과로 나타납니다. 우리는 흔히 유용하지만 자신이 모르는 것을 배우는 걸 '공부'라고 말합니다. 그런데 바깥 세계에 관한 지식 학습보다 더 중요하고 근본적인 것은 자신의 앎에 대한 성찰입니다. 내가 무엇을 모르고 있는지를 파악해야 비로소 배움을 시작할 수 있기 때문입니다. 자신에 대한 앎은 또한 사람으로 하여금 가장 강력한 도구를 사용하게 만들어주는 비법이기도 합니다. 우리가 통제할 수 있는 유일한 것은 세상도, 타인도 아닌 결국 자신이니까요. 내가 쓸 수 있는 유일하면서도 강력한 도구가 나 자신이라는 것은 각자가 자기 사용법을 익히는 것이 공부의 본질임을 알려줍니다. 그래서 배움의 출발점과 궁극의 지향점은 자신에 대한 성찰로 수렴합니다.

상위 0.1% 학생들의 비밀

EBS의 〈학교란 무엇인가〉 다큐멘터리 프로그램은 '0.1%의 비밀' 편에서 공부 잘하는 학생들의 비결을 탐구했습니다.[14] 수능 모의고사 전국석차 상위 0.1%에 들어가는 800명의 학생과 평범한 학생 700명을 비교하면서, 두 그룹 간 어떤 차이가 성적 격차로 이어지는지를 들여다봤습니다. 제작진이 여러모로 조사해봤지만, 0.1%에 속하는 학생들은 평범한 학생들에 비해 지능지수가 별로 높지도, 생활습관이 특별하지도 않았고, 부모의 경제력이나 학력에서도 큰 차이가 없었습니다. 그런데 어디에서 그토록 큰 성적 격차가 생겨난 것일까요?

제작진은 학생들에게 서로 연관성 없는 단어 25개를 3초씩, 75초간 보여준 뒤 얼마나 기억하는지 묻는 실험을 했습니다.[15] 실험은 학생들로 하여금 '방금 본 단어 중 몇 개나 기억할 수 있는지' 예상치를 말하게 한 다음, 실제 기억하는 단어를 답하는 방식으로 진행됐습니다. 0.1% 그룹의 학생들은 예상한 점수와 실제 기억한 단어 수가 거의 일치했습니다. 일반 학생들은 달랐습니다. 10개를 맞힐 것이라고 예상했는데 4개를, 5개를 맞힐 거라고 생각했는데 8개를 맞혔습니다. 실제 결과가 스스로 기대한 것과는 딴판으로, 들쑥날쑥했습니다. 기억력 자체를 놓고 보면 두 집단 간 유의미한 차이는 없었습니다. 차이는 자신이 무엇을 알고 무엇을 모르는지에 대한 자각에서 발생했습니다. 0.1% 그룹의 학생들은 자신의 실력을 정확히 알고 있었고,

일반 학생들은 그러지 못했습니다.

자신이 무엇을 알고 있는지 이해하는 능력을 메타인지meta-cognition 능력이라고 말합니다. '메타meta'라는 단어는 '…에 대하여'라는 접두어로, 그리스어에 어원이 있습니다. '메타인지'는 '생각에 대한 생각'을 의미하고, '상위인지'라고도 번역합니다. 메타인지를 이해하자면 우선 인지와 메타인지에 어떠한 차이가 있는지를 구분해야 합니다. 인지는 '통일신라의 마지막 왕' '김치 담그는 법'처럼 무엇에 대한 지식을 말합니다. 메타인지는 그러한 지식과 앎의 수준, 정확도, 특성을 이해하는 것과 함께 그 이해를 기반으로 자신의 인지과정과 학습과정을 통제할 수 있는 능력을 의미합니다.

인간은 메타인지 능력을 지니고 있지만, 자유자재로 다루는 사람은 많지 않습니다. 메타인지가 발달한 사람은 탁월한 학습 능력을 갖고, 자연히 성적도 뛰어납니다. 메타인지 능력을 갖추었다는 것은 가장 효율적인 학습이 가능함을 뜻합니다. 자신이 무엇을 알고 무엇을 모르는지에 대한 정확한 정보를 갖고 있기 때문에 제한된 시간에 무엇을 공부해야 할지 알 수 있거든요.

EBS 다큐멘터리는 '더닝크루거 효과'를 재현한 실험입니다. 1999년 미국 코넬대학교의 사회심리학자 데이비드 더닝David Dunning과 저스틴 크루거Justin Kruger가 코넬대 학생들을 대상으로 독해력, 자동차 운전, 체스, 테니스 등 20여 개 분야의 능력에 대해서 실행한 실험이 널리 알려져, '더닝크루거 효과'란 이름이 붙었습니다. "능력이 없는 사람은 자신의 실력을 실제보다 높게 평가하고, 능력 있는 사람은 오히려 자신의 실력을 과소평가한다"는 인지 편향을 확인한 연구입니다. "무식할수록 용감하다"는 말을 과학적으로 입증한 실험이죠. 찰스 다윈도 "무지는 지식보다 더 확신을 가지게 한다"고 말했습니다.

자기가 아는 것과 모르는 것을 구분하기란 간단할 듯하지만, 결코 쉽지 않습니다. 메타인지는 인간 지적 능력의 중요한 특징이지만, 본능적 생존 능력이 아니라 인류 진화과정에서 상대적으로 나중에 발달한 고등 인지 능력입니다.

어린아이에게는 있지만 컴퓨터에는 없는 능력

메타인지 능력은 사람만 보유한 고차원적인 지적 능력입니다. 자신이 무엇을 알고 무엇을 모르는지를 깨닫기 위해서는 자신의 인지 상태와 특성을 살펴볼 수 있어야 합니다. 내부에서 볼 때보다 외부에서 바라볼 때 객관적 인식을 할 수 있습니다. 거울의 기능입니다. 인류가 처음부터 자신의 얼굴을 자세히 알았던 것이 아닙니다. 스스로의 얼굴을 알 수 있게 된 것은 거울을 만들고 볼 줄 알게 된 이후입니다. 거울에 비친 자신의 모습을 볼 줄 아는 동물은 일부 유인원과 돌고래, 코끼리 등에 불과합니다. 거울테스트는 자의식을 가진 고등동물인지를 판단하는 기준이기도 합니다.

자신을 객관적으로 바라보는 능력이 처음부터 갖춰지는 것도 아닙니다. 앞서 마음이론을 다루면서 설명했듯이 사람은 5세가 지나야 비로소 다른 사람의 마음을 읽을 줄 아는 능력을 갖게 됩니다. 다른 사람이 나와 다른 마음과 생각을 가졌음을 아는 것은 타인의 관점을 고려하게 된다는 것인데, 이는 타인만이 아니라 자신을 객관화할 수 있는 능력을 의미합니다. 자신을 객관화한다는 것은 자신의 감정과 생각을 더 자세히 보기 위해서 자신으로부터 빠져나와 마치 다른 사람의 문제를 바라보듯 자신을 보는 것을 의미합니다. 사람이 자아에 대한 생각을 성숙시키는 것은 세상엔 내 생각과 관점만 존재하는 게 아니라, 다른 사람들의 관점이 있다는 것을 의식하는 과정입니다. 나아가 우리는 남들이 나에 대해 생각하고 평가하는 것에 대해서도 각자 생각할 수 있습니다. 메타인지는 이러한 '생각에 대한 생각'을 의미하는데, 출발점은 거리두기를 통한 자기객관화입니다.

컴퓨터와 비교하면 메타인지의 특성이 더 분명해집니다. 아무리 인공지능이 발달하더라도 기계가 사람을 따라잡기 어려운 영역이 메타인지입니다. 컴퓨터와 사람에게 다음과 같은 질문을 던진다고 가정해봅시다. "한국에서 가장 높은 산이 어디인지 아시나요?" "그렇다면, 스리랑카에서 다섯 번째로 높은 산의 이름을 아시나요?" 사람은 첫 번째, 두 번째 질문에 대해 각각 "네" "아니요"라고 바로 답할 것입니다. 하지만 컴퓨터는 두 번째 질문에 대해 "아니요"라는 답을 내놓기까지 정보처리 방식이 사람의 사고방식과는 다릅니다. 컴퓨터는 저장하고 있는 정보를 검색해 하나하나 조건에 부합하는지 따져보고 모든 정보에 대한 대조와 확인이 끝난 뒤에야 "아니요"라고 답할 수 있습니다. 컴퓨터에서 특정 키워드로 파일찾기를 해보면 이런 작동구조를 확인할 수 있지요. 아무리 저장 능력이 방대하고 연산 속도가 빨라도 컴퓨터는 사람처럼 스스로 모른다는 것을 인지할 수 없습니다. 컴퓨터는 '조건에 맞는 정보가 저장돼 있지 않다'라는 내용을 '모른다'는 사람의 말로 변환해서 출력할 따름입니다. 자신이 무엇을 모른다는 것을 판단하려면 자신의 사고와 인지를 돌아볼 수 있는 자의식이 있어야 합니다. 아무리 똑똑한 동물도, 빛의 속도로 연산과 판단을 하는 컴퓨터도 인간과 같은 메타인지 능력을 갖고 있지 않습니다.

사람은 누구나 단순한 차원의 메타인지 기능을 갖고 있습니다. 하지만 인간의 메타인지 능력은 이런 간단한 퀴즈의 답을 알고 있는지에 머무르지 않고 고등한 차원까지 포함합니다. 메타인지는 자신의 인지과정 자체에 대한 생각과, 자신의 사고와 감정이 어떤 방식과 구조로 움직이는지에 대한 이해와 통제를 의미합니다. 공부하거나 훈련하지 않고는 저절로 도달하기 어려운, 최고 수준의 인지 능력이 메타인지입니다.

자신의 지식과 사고를 객관적으로 관찰해 그 한계가 어디인지를 이해하는 메타인지는 타인과 자신에 대한 의식으로 연결되고, 자아발견으로 이어집니다. 자신의 인지과정을 객관화해서 바라볼 수 있다는 것은 자신의 지적 능력이 어떻게 구성되어 있고, 어떠한 힘과 조건의 영향을 받는지를 알게 되는 것을 의미합니다.

메타인지는 배움의 제어판이자 운전대

자신이 무엇을 알고 무엇을 모르는지 깨닫는 것이 중요한 이유는 메타인지가 우리의 앎과 행동에서 행사하는 역할 때문입니다. 메타인지는 지식과 배움의 지형도 역할을 하며, 상태를 알려주는 계기판 노릇을 합니다. 나아가 배움의 제어판이라고 말할 수 있습니다. 배움을 자동차 운전과 비교하자면, 메타인지는 속도계, 연료계, 수온계 등 차량의 각종 상태를 알려주는 계기판인 동시에 차량의 방향을 제어하는 운전대 역할을 하는 도구입니다. 컴퓨터 운영체제에는 제어판이, 스마트폰 운영체제에는 설정 메뉴가 있습니다. 이 메뉴를 만지지 않고 컴퓨터와 스마트폰을 초기설정대로 쓰는 사람도 있지만 기기 특성을 이해하고 의도대로 다양하게 사용하자면 제어판과 설정의 기능을 이해하고 다룰 줄 알아야 합니다.

사람은 본능적으로 생존에 필요한 지식과 행동방법을 익혀서 살아가지만 실제로 자신의 머리와 마음속에서 어떤 방식으로 인지과정이 진행되는지는 알기 어렵습니다. 인간의 인지과정은 베일에 가려 있어 작동방식과 상태가 드러나지 않습니다. 사람은 작동구조를 알 수 없는 블랙박스 같은 뇌와 감정이 명령하는 대로 인식하고 행동하는 존재입니다.

메타인지는 블랙박스 같은 인지 절차를 들여다보는 창이자, 이를 기반으로 자신의 인지와 행동을 조작할 수 있게 도와주는 도구입니다. 계기판이 없거나 작동하지 않는 자동차는 원하는 대로 조작할 수 없습니다. 지적 존재로서 인간이 인지 능력을 제대로 발휘하려면 인지 상태의 제어판 노릇을 하는 메타인지 능력을 갖추는 게 필수적입니다.

교육에서 항상 지행합일知行合一이 강조되어왔다는 사실은 역설적으로 아는 대로 행동하는 것이 매우 어려운 문제임을 알려줍니다. 어느 시대나 아는 대로 실천하는 사람은 소수에 불과했습니다. 그래도 언제 어떤 경우에나 출발점은 제대로 아는 것입니다.

오늘날 인류는 국제우주정거장에서 연구와 거주실험을 하고 있으며, 우주탐사선 보이저호는 명왕성을 지나 태양계 바깥으로 성간 우주interstella 여행을 떠났습니다. 날고 싶다는 인류의 꿈과 욕망만으로 가능하지 않았습니다. 아이작 뉴턴이 17세기에 만유인력을 발견하고 중력에 대한 이해를 심화시킨 덕분에 이후 천체와 우주에 대한 지식이 비약적으로 발달하게 되었습니다. 중력을 발견한 뒤 사람은 지구상 모든 공간에서 중력의 영향을 잠시라도 피할 수 없는 존재임을 깨닫게 되었습니다. 높은 곳을 오르자면 힘이 들고, 서 있는 것보다 눕는 게 편안한 이유도 중력의 작용에 있었습니다. 하지만 중력을 이해한 덕분에 과학은 지구 중력을 벗어나는 로켓과 우주선을 개발하고 인류는 달을 탐사할 수도 있게 되었습니다. 우주탐사선 보이저호는 행성들의 중력을 이용해 가속하는 스윙바이swing by 운항법으로 태양계를 빠져나가는 우주여행을 할 수 있게 되었습니다. 중력을 알게 된 것이 현대 과학이 중력을 넘어서고 활용할 수 있게 된 출발점이었습니다.

중력처럼 언제 어디서나 영향을 끼치는 강력한 힘은 우리를 제약하고 구속하지만, 그에 대한 인지와 이해를 통해 활용과 극복의 방법도 찾아낼 수 있습니다. 인생의 다른 영역에서도 마찬가지입니다. 자신을 지배하는 거대한 힘이 무엇인지 발견하는 것이, 자신이 어떠한 힘과 욕망에 영향을 받는지를 깨닫는 것이 무엇보다 중요합니다. 그 힘과 욕망의 존재를 알게 될 때 비로소 그로부터 자유로워질 수 있고, 나아가 그 힘을 이용하는 방법을 찾아내는 것도 가능해지기 때문입니다.

배움을 가능하게 하는 '무지의 발견'

"현재 학교 교육의 80~90%는 아이들이 성인이 되면 쓸모없어질 것이다. 우리가 아이들에게 가르쳐줄 가장 중요한 기술은 '어떻게 해야 늘 변화하면서 살 수 있을 것인가' '어떻게 해야 내가 모른다는 사실을 직면하며 살 수 있을 것인가'일 것이다."

《사피엔스》의 저자 유발 하라리가 2016년 한국을 찾아 인공지능시대 미래교육의 방향에 대해 남긴 중요한 메시지입니다.[16) 스스로 모른다는 사실을 직면하는 '무지의 발견'이 메타인지입니다.

역사학자인 하라리는 인류 역사에서 과학 발달의 결정적 계기를 500여 년 전 '무지의 발견'이라고 설명합니다. 이해하지 못하는 자연현상을 신의 섭리와 신비로 설명하는 대신, "그것에 대해 알지 못한다"라고 현재 지식의 한계와 무지를 인정함으로써 근대 과학이 비약적으로 발전하기 시작했다는 게 하라리의 통찰입니다. 덕분에 과학은 지식이 가치나 신념으로부터 독립해 검증가능할 때 비로소 객관적으로 타당한 진실이라는 기준을 확립하게 되었습니다. 객관적 검증의 잣대를 통과할 수 없는 것은 참된 지식이 아니라는 방법론을 채택해 과학은 발전을 거듭하게 됩니다. 과학적 방법론은 검증할 수 없는 지식과 주장에 대해서는 "우리가 아직 모르는 영역이다"라고 무지를 수용한 겁니다. 이 '무지의 인정'이 메타인지입니다.

그런데 근대 과학의 발전에 훨씬 앞서 메타인지가 지식의 핵심이라는 주장을 해온 이들이 있습니다. 인류의 스승인 공자와 소크라테스입니다. 두 사람이 각각 동양과 서양에서 약속이나 한 것처럼 강조한 지식과 지혜의 본질을 요즘 말로 바꾸면 바로 메타인지입니다.

공자는 《논어》 위정爲政편에서 '아는 것을 안다고 하고, 모르는 것을 모른다고 하는 것이 진정한 앎이다知之爲知之 不知爲不知 是知也'라고 말했습니다. 메타인지의 명확한 정의입니다.

"너 자신을 알라"는 소크라테스의 말로 알려져 있지만, 당시 아폴로 신전에 새겨진 글입니다. 아폴로 신전의 이 문구는 "인간은 신이 아니다. 인간은 죽는 존재다. 분수를 넘어서는 오만함(휘브리스hubris)을 경계하라"라는 뜻이었습니다. 소크라테스는 인간이 지적 통찰과 도덕적 책임을 갖춘 존재라며 이를 자아인식의 문제로 확대했습니다.[17) 소크라테스는 "너의 무지함을 알라"라고 말하며, "나는 아무것도 모른다는 것을 안다는 점에서 가장 현명한 사람이다"라고 말했습니다. 소크라테스가 아테네의 젊은이들에게 지식을 가르친 방법은 문답법이었습니다. 예를 들어 소크라테스가 "정의란 무엇인가" 같은 질문을 던지면 젊은이들은 알고 있는 답을 말했습니다. 소크라테스의 거듭된 질문에 젊은이들은 알고 있다고 생각했지만 사실은 자신이 '정의가 무엇인지' 모른다는 것을 스스로 깨닫게 됩니다. 이것이 바로 소크라테스의 문답법 교육으로, 배우는 사람 스스로 자신의 무지함을 깨닫게 해 배움으로 이끄는 방법이었습니다.

미셸 드 몽테뉴Michel de Montaigne는 《수상록*Essais*》을 통해 자신을 들여다보는 글쓰기로서 에세이라는 영역을 개척한 16세기 프랑스 사상가입니다. 그는 서재에 '크세주Que sais-je(내가 아는 것은 무엇인가)'라는 문장을 붙여놓고 소크라테스처럼 묻고 또 물었습니다. 4,000종 넘게 발간된 프랑스의 대표적인 문고판 인문서 시리즈도 '크세주'를 제호로 삼아 "내가 아는 것은 무엇인가"를 탐구하고 있습니다.

한편 소크라테스가 우리의 무지와 오만을 깨닫게 했다면, 생각과 지식을 객관적으로 다룰 수 있는 도구를 제공한 철학자가 바로 칸트입니다. 칸트는 인간 지식과 관념은 선천적이지도 않고 절대적이지도 않고 모두 인간의 인지적 특성과 한계 속에서 만들어진 것이라는 논증을 통해 이성의 역할과 한계를 명확히 함으로써 근대 철학의 기초를 놓았습니다. 인간의 관념과 사고는 주체인 인간이 구성해낸 것이라는 자각은 인간의 사고를 절대화하지 않고 객관화해서 다룰 수 있는 방법을 제공했습니다. 이는 우리의 관념과 생각이 어떻게 만들어지는지를 살펴볼 수 있게 되었다는 의미입니다.

메타인지 능력을 갖추기 어려운 까닭

그런데 왜 많은 사람들이 자신이 모른다는 사실을 알지 못하는 것일까요? 특정한 사람들만 지적 오만, 인지적 게으름의 늪에 빠지는 것이 아닙니다. 사람은 누구나 본능적으로 메타인지와 같은 고차원적 사고를 힘들어합니다.

사람의 인지적 한계 때문입니다. 인간의 인지 능력은 한꺼번에 많은 정보를 받아들여 동시에 여러 가지 업무를 처리할 수 없습니다. 인간 단기기억 용량은 7개 안팎입니다. 그런데 기억과 판단을 하느라 바쁜 인간 두뇌에 지금 하고 있는 인지과정이 잘 이뤄지고 있는지를 모니터링하는 메타인지 업무까지 수행하게 하는 것은 과중한 인지 업무를 부과하는 셈입니다. 인간 두뇌는 기본적으로 정보 자체를 자세히 읽고 판단하고 기억하는 절차에 집중합니다. 인지과정을 감독하는 메타인지를 가동하기 위해서는 추가적인 인지적 자원과 능력이 필요합니다.

메타인지 능력을 갖추기 어려운 까닭은 사람이 자신의 인지와 판단 원리와 현상에 대한 깊은 이해 없이도 정상적으로 살아갈 수 있고, 또한 얼마든지 사고와 판단 기능을 자유자재로 구사할 수 있다고 스스로 생각하기 때문입니다.

인간 사고가 무엇에 영향을 받는지 알기 쉽게 설명한 사람이 앞서 '비판적 사고'에 대해 설명하면서 살펴본 《생각에 관한 생각*Thinking, Fast and Slow*》의 저자 대니얼 카너먼입니다. 카너먼은 인간의 인지 시스템이 본능적으로 작동하는 시스템 1과 이성적 사고와 깊은 성찰을 작동시키는 시스템 2로 구성돼 있다고 말합니다. 메타인지 능력이 발달한 사람은 자신의 생각을 객관적으로 들여다보면서 자신의 인지와 판단 중 어느 부분이 본능이라는 시스템 1로 움직인 것인지, 또 어느 부분이 이성이라는 시스템 2에 의해 작동한 것인지를 파악하고 적재적소에 각각의 기능을 자유자재로 가동시킬 수 있습니다.

또한 메타인지의 대상은 지식과 판단에 국한되지 않습니다. 우리는 그때그때 격한 감정을 느끼고 본능적으로 행동하는 경우가 많지만, 메타인지 능력이 뛰어나다면 자신의 감정과 분노가 무엇에서 비롯되었는지를 성찰해서 본능적 대응의 순간에도 이성적 통제를 할 수 있습니다.

메타인지 능력을 갖추기 어려운 배경에는 개인적 요인과 사회적 요인이 어우러져 있습니다.

첫 번째 요인은 개인의 사고 습관을 지배하는 본능적 특성입니다. 무의식적 본능에 저항하기는 어렵습니다. 사람은 대부분 자신의 생각이 무엇에 의해 어떻게 작동하는지를 파악하지 못한 채, 본능과 그때그때의 필요에 따라 능력을 활용하는 성향을 갖고 있습니다. 카너먼은 우리가 지각하고 판단하는 과정의 상당 부분이 자동화된 본능적 반응체계인 시스템 1에 의해서 이뤄진다고 말합니다. 매번 새로 인지하고 판단하는 힘든 절차 없이 과거 경험과 습관으로 형성된 방식대로 빠르고 효율적으로 자동처리하는 게 인지적 구두쇠인 인간 두뇌가 선호하는 방식이기 때문입니다.

두 번째 요인은 한국 사회와 디지털 정보사회의 특성입니다. 메타인지 능력은 효율성과 구체적 목표를 우선시하는 문화에서 발달하기 어렵습니다. 기존 경험과 사례를 기반으로 빠르고 효율적인 판단을 중시하는 문화에서는 어떠한 현상이나 사고에 대해서 깊이 생각하며 성찰하는 태도가 격려되고 존중받기 어렵습니다. 한국 현대사는 왕조의 패망과 분단, 전쟁 그리고 급속한 산업화와 사회적 양극화 확대라는 특징으로 요약됩니다. '빨리빨리' 문화와 '패스트 팔로어'의 사회인 한국에서 시간이 오래 걸리는 성찰과 보편적 상식에 대해 문제를 제기하는 반성적 사고는 존중되거나 격려되지 않았습니다. 오랜 시간이 걸리는 성찰과 본질적 사유의 중요함보다는 대세를 따라 빠르게 변화하고 적응하는 게 생존과 번영에 결정적이라는 인식이 팽배했습니다. 여기에 디지털환경은 상황을 악화시키고 있습니다. 니컬러스 카가 《생각하지 않는 사람들》에서 지적한 것처럼, 디지털 정보사회의 편리함은 사람들로 하여금 깊은 생각을 할 필요와 여건을 빼앗고 있습니다. 이처럼 사회적 차원에서도 메타인지를 가능하게 하는 깊은 사고와 느린 성찰을 중요하게 여기지 않는 문화가 확산되고 있습니다.

메타인지를 높이는 자기객관화

메타인지는 어떻게 훈련하고 발달시킬 수 있을까요? 사실 우리는 학습과 관련해서 일상적으로 메타인지 훈련을 하고 있습니다. 학습 단원마다 연습문제를 풀고 쪽지시험을 보는 이유는 성적과 등수 매기기를 위한 평가가 아니라, 학습한 내용을 스스로 이해하고 있는지를 알아보는 데 있습니다. 알고 있다고 생각한 문제도 연습문제를 풀어보면 제대로 이해하지 못했다는 것을 발견하게 되고, 어느 부분을 알지 못하는지를 파악할 수 있습니다. 연습문제와 쪽지시험은 자신의 학습 상태를 객관적으로 파악할 수 있게 돕는 일종의 메타인지 도구입니다. 자신의 상태를 객관화해서 파악할 수 있어야 부족한 부분이 어디인지를 알고 보강하거나 연습할 수 있습니다.

7장에서 언급한 것처럼 친구에게 가르치는 방법이 효과적인 것도 메타인지와 관련이 있습니다. 누군가에게 설명하고 가르치기 위해서는 학습자 스스로 제대로 알고 있는 부분과 그렇지 못한 부분을 점검해보게 되고 설명할 수 없는 부분은 이해할 수 있을 때까지 스스로 공부해야 합니다. 즉 친구를 가르치는 일은 자신의 지적 상태를 객관화해 스스로 메타인지를 훈련하는 과정인 셈입니다.

쪽지시험과 연습문제 풀기, 친구에게 가르치기 등의 방식으로 우리는 학습과정에서 이미 메타인지를 수용하고 있습니다. 그 밖에도 메타인지 능력을 향상시키기 위한 구체적인 질문법을 활용할 수 있습니다.[18)]

먼저 학습이나 과업을 수행하기 전에 스스로에게 세 가지를 질문해봅니다.

"전에 비슷한 일을 한 적이 있었는가?"

"내가 이번 일을 통해서 원하는 것은 무엇인가?"

"이번 일에서 제일 먼저 해야 할 것은 무엇일까?"

수행하는 도중에 물어볼 질문입니다.

"지금 제대로 가고 있는 것인가?"

“지금 방법과 다르게 할 수 있는 방법은 없을까?”

“이 일에 대해서 도움을 요청할 수 있는 사람은 누구일까?”

마무리한 뒤에도 세 가지를 물어보아야 합니다.

“생각한 대로 잘 처리했는가?”

“어떻게 하면 더 낫게 할 수 있었을까?”

“다른 상황에도 이번 경험을 적용할 수 있을까?”

메타인지 능력을 향상시키는 훈련이란 사실은 누구나 알고 있는, 새로울 것 없는 내용입니다. 하지만 중요한 것은 학습과 업무과정에서 얼마나 진지하고 일관되게 이러한 질문을 스스로 던지고 답변하는 과정을 습관화했는가입니다. 학습 능력이 뛰어난 사람은 바로 이러한 질문을 끊임없이 던지면서 자신이 하는 일의 의미를 돌아보고, 스스로와 주변으로부터 피드백을 받으면서 개선할 점과 제거할 점을 발견합니다.

자신이 하는 일의 의미와 방향, 효과를 성찰하고 측정하는 이와 같은 질문을 좀더 구조화하고 습관화하는 방법은 자신만의 체크리스트를 만들어 정기적으로 기록하는 것입니다. 가장 보편적인 형태가 일기입니다. 일기 쓰기는 자신만의 중요한 일을 잊지 않기 위해 기록한다는 의미에서도 가치가 있지만, 일기를 쓰면서 필연적으로 자신과 하루의 일과를 돌아보는 성찰과 평가의 과정이 따르게 마련입니다. 미국의 출판인, 발명가, 정치인인 벤저민 프랭클린Benjamin Franklin은 다양한 분야에서 수많은 업적을 남긴 인물로 추앙받는데, 그는 자서전에서 날마다 빠지지 않고 일기를 쓰며 스스로를 냉철하게 평가하고 돌아보는 게 무엇보다 중요한 습관이었다고 말합니다. 그가 중요하게 생각한 인생의 열세 가지 덕목을 매일 일과를 중심으로 상세하게 평가한 그의 일기 쓰기 방식은 '프랭클린 플래너'라는 업무 다이어리 양식으로 상품화되었을 정도입니다.

'약방의 감초' 메타인지

메타인지는 약방의 감초처럼, 인간 능력 발휘와 배움의 과정에서 거의 빠지지 않고 활용되는 '범용 능력'입니다. 인지 상태의 계기판과 제어판 역할을 한다는 것은 메타인지가 한두 기능 제어에만 쓰이지 않는다는 걸 의미합니다. 이 책에서 이제껏 살펴본 배움에 필요한 역량과 특성 거의 대부분에서 메타인지는 핵심 역할을 합니다.

하워드 가드너Howard Gardner의 다중지능이론에서 여덟 가지 다중지능 중 자기성찰지능은 메타인지를 의미하는데, 메타인지 능력은 다른 지능들보다도 특히 학업 성적과 관련이 높습니다. 자기성찰이 강한 사람들은 자신이 하는 일에 대해서 끊임없이 "나는 왜 이 일을 하는가"라는 질문을 던지면서 이유를 찾아내고 굳건히 하기 때문에, 그렇지 않은 사람들에 비해 더 일관되고 지속적으로 몰두할 수 있습니다.

학습의 동력이 되는 동기와 목적의식을 발견하는 데 메타인지는 무엇보다 중요한 능력입니다. 직업과 전공, 나아가 인생의 목표를 찾기 위해서는 무엇보다 먼저 자신이 무엇을 원하는지, 무엇을 좋아하고 싫어하는지를 발견해야 합니다. 자신을 성찰하고 진정한 자아를 발견하는 과정 없이 인생의 목적을 찾는 것은 불가능합니다. 다른 사람들이나 사회가 높이 평가하고 선망하는 것은 궁극적인 목표가 될 수 없습니다.

비판적 사고에서 메타인지 능력은 결정적입니다. 비판적 사고는 해당 지식과 논리가 무엇에 근거하고 있는지 그 전제와 논리적 정합성을 살펴보는 능력인데, 이는 바로 메타인지 능력입니다. 지식과 논리를 그 자체로 따지는 것에서 나아가, 한걸음 떨어져 객관적 상태에서 성찰하는 메타인지 상태에서 비판적 사고가 활발해집니다.

호기심과 창의성에서도 메타인지 능력은 몸통을 이루고 있습니다. 앞서 살펴본 대로 호기심은 자신이 무엇을 모르는지를 아는 데서 출발하는 지적 궁금증입니다. 자신의 무지를 다룰 줄 알아야 호기심을 발휘할 수 있다는 점에서 메타인지는 호기심과 병행하는 능력입니다.

창의성은 피상적이고 단편적인 인식에서 만들어지지 않습니다. 기존 지식의 한계를 이해한 상태에서 심층적 인식을 통해서 이루어집니다. 창의성은 전혀 새로운 것을 만들어내는 것이라기보다, 지식을 새롭게 연결하고 해석하는 데서 생겨나는 융합과 이종결합으로 이루어집니다. 한 분야를 넘어서 다양한 분야의 지식을 연결하려면 메타인지 능력이 요구됩니다. 메타인지는 인지적 '거리두기'인데, 서로 다른 분야를 연결시키려 할 때 한 분야에 빠져 있으면 거리두기가 어렵기 때문입니다. 또한 우리가 창조하는 것은 결국 우리 안에서 나오는 것이기 때문에 스스로의 지식을 이해하고 다룰 줄 아는 능력이 필수적입니다.

'1만 시간의 법칙'은 평범한 성취를 거장의 탁월성과 구별하게 만드는 요인을 단순히 오랜 연습이라고 보지 않고, '의도적인 훈련'이라고 지목합니다. 보통 사람 누구나 열심히 하는 '반복적 연습'과 한 사람을 전문가로 만드는 '의도적 훈련'의 차이는 바로 자신의 노력과 훈련의 상태와 의미를 면밀하게 파악하고 개선시켜나가는 능력입니다. 바로 메타인지 능력이지요. 자신의 상태와 보유 지식의 수준을 정확하게 파악할 줄 아는 것이 전문가의 기본적 요건입니다.

마시멜로 실험과 해녀학교, 1만 시간의 법칙의 공통된 가르침은 자신의 한계를 알고 통제할 줄 알아야 자신의 능력을 제대로 발휘할 수 있다는 점이었습니다. 이처럼 자신의 상태를 객관화해서 볼 수 있는 것이 바로 메타인지 능력입니다. 덕분에 우리는 자신의 한계가 제약이 아니라 자유의 범위임을 알 수 있는 것입니다.

특별한 기사, 의미 있는 논문의 비밀

저는 30년 가까이 기자로 일하며 연구자와 저술가로도 활동하고 있는데 이러한 업무에서 메타인지 능력은 매우 중요합니다. 기자 업무를 단순화하면 사회적으로 중요한 현상을 공공적 관점에서 신속·정확하게 보도하는 일입니다. 수많은 매체와 기자들이 경쟁하는 상황에서 항상 남보다 한 발 먼저 보도하는 것은 거의 불가능합니다. 그래서 속보보다는 "어떻게 하면 공공적 관점에서 의미 있는 차별화한 보도, 즉 창의적인 기사를 쓸 것인가"가 기자의 주된 과제가 됩니다. 이는 취재대상을 만나서 인터뷰할 때 "어떻게 하면 참신하면서도 의미 있는 질문을 할 것인가"라는 구체적 과제가 됩니다.

어떤 인터뷰가 좋은 인터뷰일까요? 어렵게 만난 취재대상을 향해 과거와 같은 질문을 던져 비슷한 답변이 나오면 기사화하기 어렵습니다. 새로운 질문, 취재원이 답변하고 싶은 마음이 드는 흥미로운 질문을 던져야 합니다. 또한 독자들이 궁금해하는 중요한 문제이지만 취재 대상이 말하려 하지 않는 것에 대한 질문을 던져야 합니다.

좋은 질문을 던지려면 준비와 전략이 필요합니다. 지금까지의 관련 보도와 인터뷰를 조사해, 그동안 다뤄진 내용과 답변을 파악하는 게 우선입니다. 그래야 지금까지 물어보지 않은 새로운 질문을 만들 수 있습니다. 해당 사안에 대한 전체적인 보도의 역사와 윤곽을 살펴본 뒤에 비로소 무엇이 새롭고 중요한 것인지를 식별할 수 있으니까요. 기자의 일상에서 메타인지 능력은 핵심적입니다.

학위를 위해 또는 학술지 발표를 위해 논문을 쓰는 일도 기자의 업무방식과 비슷합니다. 논문은 자신이 쓰고 싶은 것을 쓰는 게 아니라, 학계에서 의미 있다고 평가하는 주제를 새로운 방식으로 다뤄야 합니다. 논문을 쓰는 과정에서 가장 중요한 것은 논문의 주제를 찾는 것입니다. 어떻게 해야 학계가 평가할 만한 적절할 논문 주제를 찾을 수 있을까요?

여기에서도 메타인지 능력이 필수적입니다. 학술논문을 쓰기 위해서 제일 먼저 해야 하는 일은 기존 연구를 검토하는 문헌 연구입니다. 이제껏 국내외 학계에서 관련 주제에 대해서 어떤 연구가 있었고 어디까지 진행되어 있는지를 파악하는 과정입니다. 기존의 연구와 비슷한 주제를 동일하게 다루는 연구는 심사를 통과할 수 없기 때문입니다. 또한 앞선 연구논문들을 정독하면서 자신의 주제와 문제의식을 키워서 차별화한 주제로 만들 수 있습니다. 해당 주제에 대한 연구현황을 파악한 뒤에라야 비로소 무엇이 새로운 연구인지 아닌지를 판단할 수 있습니다.

메타인지 능력은 취재보도나 학술논문 쓰기 같은 지적이고 창조적인 특정 분야에서만 활용되는 능력일까요? 아닙니다. 제가 경험한 직무 분야를 예로 든 것일 뿐, 메타인지는 사실 모든 사람의 인생과 인간관계에서 무엇보다 널리 활용되는 '범용 능력'입니다. 한 분야의 전문가가 전혀 다른 분야에서 탁월한 성취를 내는 경우가 드물지 않습니다. 성공에는 여러 요인이 작용하지만, 낯선 분야에서 성공을 만들어내는 사람들의 공통점은 뛰어난 메타인지 능력입니다. 새로 접하는 분야일지라도 한 발 떨어져서 문제를 객관적으로 바라보고 문제의 본질을 찾아내는 능력을 갖춘 이들은 스스로 깨닫지 못해도 뛰어난 메타인지 능력의 소유자입니다.

배움과 앎, 자아발견과 행복의 선순환

자유롭고 행복한 삶은 배움의 궁극적 목적입니다. 미국의 교육사상가 존 듀이는 "사람은 살아 있는 한 배운다"라며, 살아가는 것은 곧 배우는 과정이라고 강조했습니다. 이는 학습과 인생이 분리불가능함을 알려줍니다. 그래서 메타인지는 효율적인 학습의 도구이기도 하지만 인생의 목적인 자유와 행복에 이르는 수단이기도 합니다.

사람은 태어나 저절로 자유로운 존재로 자라나지 않습니다. 물에서 자유로우려면 수영할 줄 알아야 하고, 외국을 자유롭게 여행하려면 외국어 능력이 필요하며, 자본주의 사회에서 자유로운 삶을 살려면 경제활동 능력을 갖춰야 합니다. 자유롭기 위해서는 무엇이 자유를 가로막는지 그 힘과 영향력을 파악하는 게 우선입니다. 자신이 무엇을 할 수 있고 할 수 없는지 파악해야 무엇을 배워야 할지 알 수 있습니다.

학습하는 존재인 사람에게 메타인지가 무엇보다 강력하고 효율적인 도구라는 점은 인간이 존엄한 존재라는 인식을 바탕으로 합니다. 다른 생명체처럼 사람도 외부환경과 자신의 필요에 따라 반응하고 행동하지만, 사람은 본능과 필요에 의해서만 움직이지 않습니다. 파블로프가 개를 데리고 한 실험과 달리, 사람은 특정한 자극으로 일관된 반응을 끌어낼 수 없는 존재입니다. 앞서 살펴본 심리학 실험의 사례들은 외적 보상으로 동기를 유발하려 할 경우 오히려 역효과를 가져온다는 결과를 보여줍니다. 왜냐하면 사람은 어떠한 상황에서도 자신의 태도와 행동을 스스로 결정할 수 있는, 자유와 책임의 존재이기 때문입니다.

그렇다면 사람은 어떠한 과정을 통해서 자발적으로 태도와 행동을 바꾸는 것일까요? 외부적 자극과 보상이 아니라 생각의 변화에서 비롯하는데, 이는 인지적 변화가 출발점입니다. 물론 알게 되었다고 해서 사람의 태도와 행동이 저절로 바뀌지 않습니다. 인지의 변화로 실제로 행동과 태도를 바꾸는 사람 또한 소수에 불과합니다. 흡연과 과식이 몸에 해롭다는 것은 모두 알고 있지만, 누구나 실천에 이르지는 못합니다. 그렇더라도 사람의 태도와 행동을 개선하려는 노력은 인지 변화에서 출발합니다.

메타인지는 인간은 앎을 통해서 변화할 수 있다는 믿음을 기반으로 한다는 점에서 인간을 자율성을 지닌 변화의 주체로 바라봅니다. 앎을 통해 스스로 변화할 수 있는 자율성의 주체로 사람을 보는 점에서 메타인지는 인간을 무엇보다 존엄한 존재로 만드는 개념입니다. 또한 메타인지는 자기를 객관적으로 바라봄으로써 자아성찰로 이어지는 실존적이고 철학적인 개념이기도 합니다.

뇌과학자 정재승 카이스트 교수는 "인간이 성취할 수 있는 가장 위대하고 고등한 사고방식은 자기객관화"라고 말합니다.[19] 자기객관화를 가능하게 하는 메타인지 능력은 자신과 상대를 모두 객관적으로 바라보는 3인칭 시점 또는 전지적 작가 시점을 갖게 만듭니다. 다른 사람이 바라보듯 자신을 객관적으로 바라볼 수 있는 능력을 지닌 사람은 동물적 분노와 감정에 빠지지 않고 이성적·합리적 판단을 할 수 있습니다.

그런데 자기객관화 능력은 본능적으로 주어지지 않고 습득과 활용이 어렵습니다. 자아에 대한 깊이 있는 성찰과 지속적인 훈련을 통해서 연마할 수 있습니다. 자신을 객관화하는 능력은 개방성과 수용성을 필요로 합니다. 스스로 유식하다고 자만하는 사람이 사실 어리석은 이유는 자칫 새로운 정보를 거부하는 성향으로 이어지기 때문입니다. 새로운 정보를 개방적으로 받아들이는 습관과 힘을 기르는 데는 배움과 앎이 주는 기쁨과 힘을 맛보는 것이 무엇보다 중요합니다. 새로운 정보를 알고 배우는 것이 세상을 더 아름답고 풍부하게 볼 수 있게 해주고, 학습자 스스로 유능하고 행복하다고 느끼는 기쁨이 지적·감정적 문호를 개방하게 만들기 때문입니다.

메타인지는 상위인지라는 점에서 다른 어떤 지적 능력보다도 높은 차원의 인간 고유 능력입니다. 나아가 메타인지는 사람을 자아성찰로 이끌어 인생의 진정한 목표를 발견하게 만든다는 점에서 매슬로가 말한 인간 욕구의 마지막 단계인 '자아실현의 욕구'를 위한 능력이기도 합니다.

교육은 '백년지대계'라는 말처럼 단기간에 승부를 볼 수 있는 게 아닙니다. 미래는 불확실성과 변동성이 커 단기간의 목표, 가시적인 성과를 겨냥한 공부는 실패할 가능성이 매우 큽니다. 외부의 알 수 없는 변화에 가장 지혜롭게 대비하는 방법은 수시로 변화하는 이동 목표를 계속 겨냥하는 게 아니라, 시간과 환경이 변해도 흔들리지 않는 가치가 무엇인지를 발견하는 것입니다. 그것이 자신을 성찰하는 데서 시작하는 자기객관화, 즉 메타인지입니다. 결국 우리가 통제할 수 있는 것은 사회 변화도 아니고, 다른 사람의 능력과 생각도 아닙니다. 자신의 몸과 마음을 객관적으로 살펴보는 성찰이 진정한 공부의 출발점이자 공부의 미래인 이유입니다.

주

서문

1) Alvin Toffler, *Learning for Tomorrow*(Random House, 1974).

1부 공부의 의미가 바뀐다

1) "알파고 쇼크 1년… KAIST선 'AI 전공' 몰리고, 통역사 인기 하락", 〈조선일보〉, 2017. 3. 7.
2) "개성 있는 번역, 인공지능이 따라올 수 없는 것", 〈한겨레〉, 2017. 5. 30.
3) "OECD 교육수장, 아동 코딩 교육에 '찬물'… '곧 구식, 시간 낭비'", 〈연합뉴스〉, 2019. 2. 22.
4) "'디지털 교과서 효과 없다' 78%… 5,748억 예산 논란", 〈경향신문〉, 2012. 9. 24.
5) Guernsey, L. & Levine, M., *Tap, Click, Read: Growing Readers in a World of Screens*, Jossey-Bass, 2015.
6) "정태영 현대카드 부회장 'PPT 없애니 달라진 것들'", 〈머니투데이〉, 2016. 5. 7.
7) "We Have Met the Enemy and He Is PowerPoint", *New York Times*, 2010. 4. 26.
8) 현행 고교 교육과정은 공식적으로 문과와 이과 구분을 없앴지만, 수학 I·수학 II 선택에 따라 이공학계열 또는 인문사회계열로 진학 가능한 전공이 결정되기 때문에 본질적으로 과거 문과·이과 선택과 크게 다르지 않다.
9) "올 수능 60만 명… 내년엔 52만 명, 대입 정원보다 적을 판", 〈중앙일보〉, 2016. 9. 12.
10) 파리드 자카리아 지음, 《하버드 학생들은 더 이상 인문학을 공부하지 않는다》, 강주헌 옮김(사회평론, 2015).
11) 국가가 학생 정원을 관리하는 의과대학, 간호대학, 사범대학, 수능 점수로 선발이 어려운 예체능계열은 예외.
12) 이덕환, "문·이과 구분 폐지 검토해야", 〈디지털타임스〉, 2014. 4. 22.
13) 최재천, 《생각의 탐험》(움직이는서재, 2016).
14) "서울 10개 주요 사립대 총장 협의체 '미래대학포럼' 출범", 〈뉴시스〉, 2016. 6. 13.

15) 새뮤얼 아브스만 지음, 《지식의 반감기》, 이창희 옮김(책읽는수요일, 2014).
16) "The Degree Is Doomed", *Harvard Business Review*, 2014. 1. 8.
17) Thomas Frey, "By 2030 over 50% of Colleges will Collapse", www.futuristspeaker.com, 2013. 7. 5.
18) Jim Giles, "Internet Encyclopaedias Go Head to Head", *Nature*, 2005. 12.
19) "구글은 채용할 때 업무능력을 가장 마지막에 따진다", 〈한겨레〉, 2013. 5. 20.
20) "'거꾸로 교실' 다큐 만들다 제 인생도 뒤바뀌었죠", 〈한겨레〉, 2016. 10. 17.
21) 말콤 프랭크, 폴 로릭, 벤 브링 지음, 《기계가 모든 것을 다하게 될 때 무엇을 할 것인가?》, 신동숙 옮김(프리렉, 2017).
22) "하버드보다 입학 어려운 新대학 미네르바 스쿨 가보니", 〈중앙일보〉, 2018. 1. 12.
23) "미네르바스쿨 켄 로스 아시아총괄이사 '미네르바 모델을 확산하는 것이 궁극적 목표'", 〈베리타스알파〉, 2018. 4. 9.
24) 새뮤얼 아브스만 지음, 《지식의 반감기》.
25) 구정모, "한국 학생 수학 성적 1위지만 흥미·자신감은 '꼴찌'", 〈연합뉴스〉, 2013. 12. 3.
26) 유한구, 김영식, "PISA 및 PIAAC을 이용한 교육성과 비교와 정책과제", 〈이슈페이퍼〉 2015-4, 한국직업능력개발원.
27) 이만열(임마누엘 페스트라이쉬), 《인생은 속도가 아니라 방향이다》(21세기북스, 2016).
28) 앨빈 토플러, 〈위기를 넘어서 : 21세기 한국의 비전〉, 정보통신정책연구원, 2001. 6.
29) Carl Frey, Michael Osborne, "The Future of Employment: How Susceptible are Jobs to Computerisation?", Oxford Martin School, University of Oxford, 2013. 9. 17.
30) "Future of Jobs", *World Economic Forum*, 2016.
31) 앞의 문서.
32) "매킨지 '로봇 경고'… '2030년까지 최대 8억 명 실직'", 〈연합뉴스〉, 2017. 11. 30.
33) 〈기술 진보에 따른 노동시장 변화와 대응〉, 한국노동연구원, 2016.
34) "로봇 노동비절감 효과 주요국 중 한국이 최대", 〈연합뉴스〉, 2015. 2. 10.
35) 〈4차산업혁명 미래 일자리 전망〉, 한국고용정보원, 2018. 2. 28.
36) 〈미래의 직업연구〉, 한국고용정보원, 2013. 12.
37) "한국 여성 기대수명 세계 첫 90살 돌파… 남녀 모두 1위", 〈한겨레〉, 2017. 2. 22.
38) 로베르타 골린코프, 캐시 허시-파섹 지음, 《최고의 교육》, 김선아 옮김(예문아카이브, 2018).
39) Andrew Anthony, "Yuval Noah Harari: 'Homo sapiens as we know them will disappear in a century or so'", *The Guardian*, 2017. 5. 19.
40) "국내 1,800만 명 일자리, 10년 내 인공지능·로봇에 위협", 〈한겨레〉, 2017. 1. 3.
41) "변호사 2만 명 시대 '우울한 자화상'", 〈데일리한국〉, 2016. 1. 16.
42) "법령·판례 찾는 AI 변호사 첫 도입… 대륙아주-인텔리콘 협약", 〈연합뉴스〉, 2018. 2. 27.

43) "2018학년도 25개 로스쿨 평균경쟁률 5.19대 1… 2년 연속↑", 〈뉴시스〉, 2017. 10. 17.

44) "2019 PEET 경쟁률 9.4대 1… 남성 37.4% '역대최고'", 〈베리타스알파〉, 2018. 7. 6.

45) 리처드 서스킨드, 대니얼 서스킨드 지음, 《4차산업혁명 시대, 전문직의 미래》, 위대선 옮김(와이즈베리, 2016).

46) 로베르타 골린코프, 캐시 허시-파섹 지음, 《최고의 교육》.

2부 **미래의 능력**

1) "Capitalizing on Complexity: IBM Global CEO Study", 한국IBM, 2010.

2) "Is Your Job 'Routine'? If So, It's Probably Disappearing", *Wall Street Journal*, 2015. 4. 8.

3) "The Creativity Crisis", *Newsweek*, 2010. 7. 10.

4) 안데르스 에릭슨, 로버트 풀 지음, 《1만 시간의 재발견》, 강혜정 옮김(비즈니스북스, 2016).

5) Gary Wolf, "Steve Jobs: The Next Insanely Great Thing", *Wired*, 1996. 2. 1

6) Malcom Gladwell, "The Real Genius of Steve Jobs", *New Yorker*, 2011. 11. 14.

7) 사이토 다카시 지음, 《사이토 다카시의 진정한 학력》, 김나랑 옮김(지식의날개, 2018).

8) 켄 로빈슨, 루 애로니카 지음, 《아이의 미래를 바꾸는 학교혁명》, 정미나 옮김(21세기북스, 2015).

9) "국책연구과제 성공률 98%라니… 부끄러운 수치다", 〈중앙선데이〉, 2012. 10. 14.

10) 수전 엥겔 지음, 《호기심의 두 얼굴》, 안진이 옮김(더베스트, 2017).

11) 폴 터프 지음, 《아이는 어떻게 성공하는가》, 권기대 옮김(베가북스, 2013).

12) 캐럴 드웩 지음, 《마인드셋》, 김준수 옮김(스몰빅라이프, 2017).

13) 셸리 카슨 지음, 《우리는 어떻게 창의적이 되는가》, 이영아 옮김(RHK, 2012).

14) 스콧 배리 카우프만, 캐롤린 그레고어 지음, 《창의성을 타고나다》, 정미현 옮김(클레마지크, 2017).

15) 리처드 플로리다 지음, 《신창조계급》, 이길태 옮김(북콘서트, 2011)

16) "MLK: 'Intelligence Plus Character—That Is the Goal of True Education'", *The Washington Post*, 2014. 1. 20.

17) 이혜정, 《서울대에서는 누가 A+를 받는가》(다산에듀, 2014).

18) William Graham Sumner, *Folkways: A Study of the Sociological Importance of Usages, Manners, Customs, Mores, and Morals* (Ginn and Company, 1907).

19) 대니얼 카너먼 지음, 《생각에 관한 생각》, 이창신 옮김 (김영사, 2018).

20) Claire Wardle, Hossein Derakhshan, "How Did the News Go 'Fake'? When the Media Went Social", *The Guardian*, 2017. 11. 10.

21) 이언 레슬리 지음, 《큐리어스》, 김승진 옮김(을유문화사, 2014).
22) 유발 하라리 지음, 《21세기를 위한 21가지 제언》, 전병근 옮김(김영사, 2018).
23) 더글러스 러시코프 지음, 《통제하거나 통제되거나》, 김상현 옮김(민음사, 2011).
24) 매리언 울프 지음, 《책 읽는 뇌》, 이희수 옮김(살림, 2009).
25) 앞의 책.
26) 사이토 다카시 지음, 《독서력》, 황선종 옮김(웅진지식하우스, 2015).
27) Albert Einstein, "On Education", *Ideas and Opinions*(Broadway Books, 1995).
28) 월터 미셸 지음, 《마시멜로 테스트》, 안진환 옮김(한국경제신문사, 2015).
29) Maggie Severns, "Reconsidering the Marshmallow Test", *Slate*, 2012. 10. 16.
30) Apala Chavan, "Top 10 Disappearing Futures", *World Future Society*, 2013.
31) 찰스 두히그 지음, 《습관의 힘》, 강주헌 옮김(갤리온, 2012).
32) 윌리엄 제임스 지음, 《심리학의 원리》, 정명진 옮김(부글북스, 2014).
33) 엄기호, 《공부 공부》(따비, 2017).
34) 조지 베일런트 지음, 《행복의 조건》, 이덕남 옮김(프런티어, 2010). 조지 베일런트 지음, 《행복의 비밀》, 최원석 옮김(21세기북스, 2013).
35) Henry Blodget, "8 Habits Of Highly Effective Google Managers", *Business Insider*, 2011. 5. 20.
36) "최고 과학자 집단 꺾은 구글 'B팀'의 비결은?", 〈한겨레〉, 2018. 1. 22.
37) 로빈 던바 지음, 《던바의 수》, 김정희 옮김(아르테, 2018).
38) Marcus E. Raichle, Ann Mary MacLeod, Abraham Z. Snyder, William J. Powers, Debra A. Gusnard, and Gordon L. Shulman, "A Default Mode of Brain Function", *PNAS*, 98(2), 2001, pp. 676~682.
39) Eric K. Foster, "Research on Gossip: Taxonomy, Methods, and Future Directions", *Review of General Psychology*, vol.8, no.2, 2004.
40) 유발 하라리 지음, 《사피엔스》, 조현욱 옮김(김영사, 2015).
41) John Sullivan, "Innovation Is Now The #1 Business Driver, So IBM Abruptly Drops Remote Work", 2017. 3. 21. https://drjohnsullivan.com
42) 미하이 칙센트미하이 지음, 《창의성의 즐거움》, 노혜숙 옮김(북로드, 2003).
43) 권재원, 《그 많은 똑똑한 아이들은 어디로 갔을까?》(지식프레임, 2015).
44) 클라이브 톰슨 지음, 《생각은 죽지 않는다》, 이경남 옮김(알키, 2015).
45) "유사자폐·감정 통제 못하는 아이들 늘어나는데…", 〈한겨레〉, 2017. 10. 10.
46) 셰리 터클 지음, 《외로워지는 사람들》, 이은주 옮김(청림출판, 2012).
47) 제러미 리프킨 지음, 《공감의 시대》, 이경남 옮김(민음사, 2010).
48) 데이비드 호우 지음, 《공감의 힘》, 이진경 옮김(지식의숲, 2013).

3부 **스스로 미래를 결정하는 법**

1) 에드워드 L. 데시, 리처드 플래스트 지음, 《마음의 작동법》, 이성권 옮김(에코의서재, 2011).

2) 다니엘 핑크 지음, 《드라이브》, 김주환 옮김(청림출판, 2011).

3) 월터 아이작슨 지음, 《스티브 잡스》, 안진환 옮김(민음사, 2011).

4) 앤절라 더크워스 지음, 《그릿》, 김미정 옮김(비즈니스북스, 2016).

5) "초·중·고 학생 희망직업 11년째 '교사'가 1위", 〈한겨레〉, 2017. 12. 25.

2018년 조사에서 초등학생들 희망직업은 1위 운동선수, 2위 교사로 처음 변화가 생겼고, 중학생과 고교생 집단에선 여전히 교사가 희망직업 1위였다.

6) 윌리엄 데이먼 지음, 《무엇을 위해 살 것인가》, 한혜민 외 옮김(한국경제신문사, 2012).

7) 윌리엄 데레저위츠 지음, 《공부의 배신》, 김선희 옮김(다른, 2015).

8) 윌리엄 데이먼 지음, 《무엇을 위해 살 것인가》.

9) 얼 쇼리스 지음, 《희망의 인문학》, 고병헌 외 옮김(이매진, 2006).

10) 프리드리히 니체 지음, 《우상의 황혼》, 박찬국 옮김(아카넷, 2015).

11) 이 실험은 1967년 마틴 셀리그만과 스티븐 마이어가 24마리의 개를 대상으로 한 실험과 유사하다. 연구진은 개를 세 개 그룹으로 나눠 전기충격 실험을 했다. 1그룹은 개가 코로 레버를 밀면 전기충격이 차단되었고, 2그룹은 레버를 밀어도 전기가 차단되지 않았으며, 3그룹은 전기충격을 가하지 않았다. 실험 24시간 뒤에 24마리의 개들은 장애물만 뛰어넘으면 전기충격을 피할 수 있는 방에 재배치됐다. 1그룹과 3그룹의 개는 장애물을 뛰어넘어 전기충격을 피했으나, 2그룹의 개들은 장애물을 넘으려고 시도하지 않고 고스란히 전기충격을 견뎠다. 이 연구결과를 셀리그만은 '학습된 무기력감' 이론으로 발전시켰다.

12) 앤절라 더크워스 지음, 《그릿》.

13) 데이바 소벨, 윌리엄 앤드루스 지음, 《해상시계》, 김진준 옮김(생각의나무, 2005).

14) EBS, 《학교란 무엇인가》(중앙북스, 2011).

15) 김경일, "또다른 지적 능력, 메타인지", 네이버캐스트, 2011. 8. 29.

16) 이대희, "《사피엔스》 저자 '학교 교육 80~90%, 쓸모없다'", 〈프레시안〉, 2016. 4. 26.

17) 엄정식, 《소크라테스, 인생에 답하다》(소울메이트, 2012).

18) Marcela Salazar, "Metacognition: Thinking About Thinking Improves Learning", Cognifit, 2017. 4. 2.

19) "가장 위대하고 고등한 사고는 '자기객관화'", 〈씨네21〉, 2016. 3. 8.

구본권

IT 전문 저널리스트이자 디지털 인문학자. 〈한겨레〉 기자, 사람과디지털연구소장을 지냈고 국가교육위원회 전문위원을 맡고 있다. 서울대학교 철학과를 졸업하고, 한양대학교에서 언론학으로 박사학위를 받았으며, 같은 대학교에서 신문방송학과 겸임교수를 역임했다. 서울시교육청 미래교육 전문위원, 월간《신문과 방송》, 계간《미디어 리터러시》편집위원으로 활동했다.

기술 발전이 일으키는 다양한 현상을 깊이 있게 추적해왔다. 특히 인공지능과 로봇이 가져올 변화에 위기감을 느끼는 수많은 학부모와 교사, 학생들을 만나면서, 미래에 통하는 새로운 교육의 방법을 탐구하고 모색해왔다.

지은 책으로《로봇시대, 인간의 일》(중고교 국어교과서 수록)《메타인지의 힘》《디지털 개념어 사전》《유튜브에 빠진 너에게》《'좋아요'가 왜 안 좋아?》《뉴스 믿어도 될까?》《당신을 공유하시겠습니까?》등이 있다.

공부의 미래

초 판 1쇄 발행 2019년 6월 28일
개정판 1쇄 발행 2023년 11월 8일

지은이 구본권
펴낸이 이상훈
인문사회팀 최진우 김경훈
마케팅 김한성 조재성 박신영 김효진 김애린 오민정

펴낸 곳 (주)한겨레엔 www.hanibook.co.kr
등록 2006년 1월 4일 제313-2006-00003호
주소 서울시 마포구 창전로 70(신수동) 화수목빌딩 5층
전화 02) 6383-1602~3 **팩스** 02) 6383-1610
대표메일 book@hanien.co.kr

ISBN 979-11-6040-711-2 03370

- 책값은 뒤표지에 있습니다.
- 파본은 구입하신 서점에서 바꾸어 드립니다.